NUEVO ORDEN ECONÓMICO MUNDIAL

Secretos Clasificados

Por Emir Samsores

Publicado en España Por:

Emir Samsores

© Copyright 2017

ISBN-13: 978- 1547231287
ISBN-10: 1547231289

Tabla de Contenido

LIBRO 1 EL CEREBRO MILLONARIO

Conviértase en un imán de la riqueza

De: Emir Samsores

Introducción

En materia de dinero mucho se ha dicho. Que el dinero es malo, que los ricos no van al cielo, que es pecado tener tanto dinero, que el dinero no compra la felicidad, que si tienes mucho dinero serás un esclavo, que los ricos no pueden disfrutar a su familia, que los ricos son avaros, déspotas e infelices y paremos de contar.

Estas aseveraciones tan arraigadas en la sociedad son además de **falsas** el mayor culto que se le ha rendido a la incapacidad, el conformismo, el fracaso y el miedo.

Señores, ¡**El dinero sí es bueno!** ¡**sí es necesario!** Y ser rico no tiene nada de malo.

Los millonarios viven tranquilos porque saben que sus fortunas están constantemente produciendo y multiplicando cada vez más sus recursos y por ello son libres, emplean su tiempo en su familia, su gozo y su disfrute. El dinero en exceso elimina las preocupaciones y otorga la tranquilidad de poder hacer frente a cualquier contingencia que pueda presentarse.

Los millonarios **poseen los medios** para ayudar a otros, un millonario construye millonarios a su alrededor, genera fuentes de empleo, inspira al crecimiento.

La satanización en torno al dinero ha sido erradamente establecida y confundida con el comportamiento humano.

Si poseer una gran fortuna fuese la razón de la maldad en la humanidad, **no existirían pobres de malos sentimientos, delincuentes y hasta asesinos** y de estos ejemplares hay muchos en todos lados.

Lo que sí es muy cierto, aunque suene cruel y de alguna manera desesperanzador es que **los ricos cada vez serán más ricos y los pobres cada vez serán más pobres**.

Hagamos un alto, no nos desanimemos, **los pobres también pueden volverse ricos**, sí, así como estás leyendo, **TÚ PUEDES LLEGAR A SER TAN MILLONARIO COMO QUIERES**.

Es una cuestión de **actitud**. Ser rico, es sencillamente pretender que la prosperidad, el éxito, la abundancia y el dinero estén presentes en tu vida, es sentirte digno y merecedor de las bondades de la vida para ti y para los tuyos.

La fórmula para atraer el dinero ha sido vendida durante mucho tiempo como un **gran secreto** ¡otra falacia! Pues tal secreto NO existe, no se trata de un enigma, todo lo contrario, sí hay una fórmula y está enteramente a nuestro alcance, lo que ocurre es que muchos nos limitamos a **ver y no a observar**, he ahí el gran detalle.

¿El estudio? No necesariamente.

Es curioso observar un fenómeno muy común, millonarios que han amasado grandes fortunas sin haber pisado una escuela y pobres con envidiables niveles de preparación universitaria a la espera de un mero y modesto puesto de trabajo.

Los millonarios son personas que han tenido a bien **adelantarse** en el camino, son seres que revisten unas características dignas de consideración y mucho análisis si queremos llegar a donde ellos lo hicieron.

Según la ley universal de acción y reacción, a iguales acciones iguales reacciones. Hay quienes desde pequeños son **programados** para meramente sobrevivir en la vida, inconscientemente han recibido millares de instrucciones para nunca dejar de ser pobres, seguramente porque sus padres también crecieron con la convicción de que el dinero no es necesario, o es malo tenerlo, o no es importante porque no da la felicidad.

Otros por el contrario han crecido y forjado a lo largo de sus vidas la idea de que el dinero es la fuente de producción de más dinero y tal idea o convencimiento puede que haya sido infundada por patrones de crianza recibidos, pero puede ocurrir también que haya sido la consecuencia de decisiones intencionalmente tomadas hacia las cuales dirigieron todos sus esfuerzos y hoy cosechan merecidamente el triunfo.

Esta es la razón que justifica el **por qué en el mundo habitan seres que atraen la riqueza** como si fueran imanes y seres que aunque se maten trabajando nunca logran salir de la pobreza: **Los patrones mentales.**

"Todo está en la mente, allí reside el verdadero y único poder"

La concepción personal del dinero, la riqueza y la abundancia se derivan fundamentalmente de las emociones, los comportamientos, los pensamientos y las experiencias vividas, su sede se encuentra en la mente.

La mente humana funciona como **un ordenador,** tiene programas que han sido instalados durante nuestro crecimiento, incluso antes de nacer y siempre, siempre, siempre la insatisfacción, la infelicidad y los temores se encuentran alojados en ella como factores limitantes que se traducen en paradigmas, esquemas y creencias que producen estancamiento.

Si se es consciente de que nuestra realidad se encuentra estrechamente determinada por nuestros pensamientos y creencias es factible convencerse de que al ser **modificados nuestros patrones mentales** indefectiblemente esa realidad que vivimos sufrirá una alteración y transformación positiva o negativa en función de la cual nos reprogramemos a nosotros mismos.

Ahora que la acción resulta un tanto compleja, puesto que por tratarse de creencias alojadas en nuestro interior por muchos años, estas se encuentran **arraigadas consciente e inconscientemente**, de manera que producir el cambio no es tarea fácil, pero bien vale la pena intentarlo.

Para erradicar las creencias limitantes de nuestra mente, es imprescindible **reconocerlas** solo así será posible realizar un proceso de limpieza que permitirá la instalación de nuevos patrones de pensamiento y de conducta planificados deliberadamente hacia el logro de nuestros objetivos.

Las metas deben necesariamente ser definidas y esto incluye desde aquello que queremos hasta la forma cómo lo vamos a obtener, es por ello que a lo largo de esta obra la constante será invitarte a cuestionarte sobre interrogantes como estas:

¿Cuánto dinero quieres tener? ¿Cuán rico quieres ser? ¿Qué harás cuando seas rico?

El mundo interior crea al mundo exterior, la riqueza se atrae, se crea y se representa en forma material, sin embargo el dinero es su medio de expresión, **la verdadera riqueza es un concepto más amplio**.

Los estudios realizados a nivel científico y psicológico revelan que la generalidad de las personas esperan encontrar la abundancia, la riqueza, la prosperidad y éxito en el exterior y a fuerza de trabajo, mucho trabajo. Cuando lo cierto es que si estos anhelos no son cultivados en el interior del ser jamás podrán ser alcanzados.

La riqueza se fomenta y se crea en función de los **valores personales**, el sentido de merecimiento la atrae, los esquemas mentales respecto de la prosperidad y el dinero logran mediar la cantidad de riqueza que se es capaz de generar, las convicciones permiten recibir la abundancia y todo esto gira en torno a un propósito de vida clarificado y definido.

En tu interior habita un millonario que está esperando ser descubierto, retira la venda que cubre tus ojos y enfócate **¡tú también podrás!**

El Deseo

"Felicidad no es hacer lo que uno quiere, sino querer lo que se hace"

Jean-Paul Sartre

El deseo es la primera manifestación de una futura realidad.

La búsqueda incesante del ser humano por satisfacer necesidades nos ha llevado durante siglos al desarrollo de civilizaciones y de niveles de bienestar impensables hace solo cientos de años.

Y esto ¿cómo ha sido posible?

En la antigüedad alguno de nuestros antepasados deseó no pasar frio y hambre en el invierno, a partir de ese deseo desarrolló formas de calentarse mediante el empleo del fuego y las pieles de animales que eran cazados y encontró técnicas de conservación de alimentos.

Hasta este punto hablamos de necesidades meramente de subsistencia, pero a medida que el ser humano cubrió sus necesidades básicas fueron surgiendo otros tipos de necesidades como las de seguridad, socialización, reconocimiento, hasta llegar a las de auto realización que son las más elevadas.

La riqueza, la abundancia, la prosperidad y el éxito son parte integrante de estas necesidades de auto realización y trascienden el plano de lo material. Se gestan en nuestro interior, se crean y resultan de cambios profundos en nuestros sistemas arraigados que permanentemente nos han mantenido bloqueados y se expresan hacia el exterior mediante la actitud con la que afrontamos la vida y todo lo que esta supone atravesar.

Para ser rico, millonario en lo material hay que comenzar por alimentar la fortuna emocional y espiritual.

El por qué del deseo

Todos tenemos un propósito en la vida y desdichadamente muchos no logran descubrirlo. Estas personas deambulan por la vida subsumidas en el agobio, la ansiedad, el estancamiento en el soñar y motivado a esa ausencia de acción pasan sus días hundiéndose en lo incierto de un futuro cada vez menos prometedor.

El miedo al fracaso paraliza la realización y ejecución de proyectos y metas, consecuencialmente su incidencia en el aspecto salud, laboral y relacional es directa y muy negativa.

El deseo es la acción de pensamiento consciente hacia el descubrimiento de nuestro propósito de vida y su realización. De allí que partiendo del querer hacer son desencadenadas las acciones sucesivas en función del mejoramiento a todo nivel.

El factor determinante del éxito financiero no es el dinero, sino las cualidades personales que permiten atraerlo, ganarlo, conservarlo y multiplicarlo y todo ello parte de la idea de desearlo.

Cuando deseamos conscientemente, tocamos la mente subconsciente y la llenamos de información en pro de los cambios que esperamos implementar en nuestras vidas.

Lo que en realidad desees con profunda convicción lo alcanzarás.

La fuerza del deseo es el motor de la voluntad, así lo expresa la psicología moderna.

Hay que empezar por entender que el progreso no llega solo. Para obtener las manifestaciones de riqueza que queremos, ya sea una lujosa casa con piscina y áreas verdes, un espectacular auto, viajes, en fin, todo debe comenzar con un **deseo** seguido de un emprendimiento, mucha perseverancia e inclinación al logro, en cortas palabras.

Por desear no te cobran

Al deseo hay que darle rienda suelta. ¿Qué queremos alcanzar?, ¿qué queremos tener?, ¿qué queremos mejorar?, ¿Cuánto queremos tener?, ¿En cuánto tiempo seremos millonarios? ese condominio de lujo, ese master en el extranjero, recorrer el mundo a nuestras, el yate, nada llegara si antes no lo deseamos.

El tamaño de nuestros deseos condiciona nuestras acciones futuras

Si solo aspiramos poseer comida y vestido nuestras acciones estarán enmarcadas en una subsistencia llena de conformismo, alcanzaremos una forma simple y rudimentaria de ganarnos la vida sin mayores aspiraciones, basada en un trabajo manual o físico o quizás en el ejercicio de un empleo intelectual a cambio de un mísero sueldo, con muchas privaciones y lo que es peor, sólo eso tendremos.

Si límitas tus deseos ahorcas un futuro prometedor antes de nacer, si deseas apenas lo necesario un trabajo, una casa y un sueldo, eso mismo es lo que obtendrás porque es lo que deseas y de allí partirán tus acciones, tu plan de vida aunque no lo escribas o lo plantees estará orientado a una existencia austera, solo tú puedes condicionar tu futuro a partir de tus pensamientos y tus deseos.

No es soñar para separarse de la realidad y despertar y volver a donde estabas inicialmente, es desear con fervor, con emoción y con profunda convicción.

Si deseas riquezas ilimitadas, una vida llena de opulencia y abundancia, pues eso mismo te devolverá la vida.

El deseo de riqueza y la libertad financiera

La libertad financiera es un concepto que alude a alcanzar un nivel en cual nuestros ingresos pasivos son **por lo menos** igual a nuestros gastos.

Los ingresos pasivos son aquellos que percibimos sin hacer nada, pueden ser rentas, dividendos, intereses o cualquier ingreso que llegue a nosotros sin que su obtención implique la acción reiterada y constante orientada a su producción.

Si puedes darte el lujo de irte de vacaciones durante 3 meses dejando el trabajo y tus finanzas sin que estas sean alteradas en razón de tu ausencia, es porque tus ingresos pasivos cubren tus gastos, eso es Libertad Financiera.

No siempre los ricos tienen libertad financiera y esto es algo muy importante de reconocer. Por ejemplo, los deportistas famosos si no juegan no perciben los astronómicos ingresos que sus equipos les pagan ni los adicionales por publicidad. Una vez se retiran dejan de producir dinero y son conocidas las historias de deportistas que fueron millonarios en su juventud y que han llegado a la vejez en la pobreza, esto porque nunca alcanzaron su libertad financiera.

En palabras de Jesucristo, el hombre más grande de todos los tiempos, "Al que pide, se le dará" Mateo 7:8

El secreto para el crecimiento, la abundancia, la riqueza, la prosperidad y el éxito reiteramos no es un secreto, es una fuerza que reside en ti, en ese cerebro millonario que habita en tu interior y que es capaz de convertir tus deseos en realidades.

Ahora que, vale preguntarse ¿Sabes exactamente qué es lo que quieres? ¿Cómo puedes esperar que la vida conspire a tu favor y te de lo que quieres si no sabes qué es exactamente eso?

En este preciso instante comienza tu transformación y tu redescubrimiento.

Si no deseas nada, nada tendrás

Si lo que deseas lo percibes como poco posible afectas su intensidad y terminas por olvidar tu propósito.

La duda no tiene cabida, hay que programar el cerebro para la profunda convicción que de que el objetivo será alcanzado. Mientras más grande es el deseo y la convicción, más grande será la fuerza de tu voluntad accionando el universo y sus fuerzas hacia la realización de tu ser.

¿Qué desearon ellos?

Millonarios, famosos y felices que nacieron de familias modestas son la prueba viviente de que todo lo que se quiere se puede:

George Soros (85 años)

Nacido en Budapest hace 85 años, vivió el régimen nazi y terminó por establecerse en los Estados Unidos después de la guerra.

En 1973 inició su fondo de inversiones **Soros Fund Management** y se hizo mundialmente conocido porque en 1992 apostó todo en contra de la libra esterlina, un movimiento maestro que le produjo 1000 millones de dólares en un solo día.

Al día de hoy Soros continúa al frente de su fondo de inversiones gestionando más de 25.000 millones de dólares en las empresas más reconocidas del mundo.

Mark Zuckerberger (31 años)

A los 19 años en la universidad de Harvard hizo un experimento de red social para alumnos de esa universidad, hoy día Facebook atiende más de 1000 millones de usuarios al día y el valor de la compañía se estima en más de 275 mil millones de dólares.

Warren Buffet (85 años)

Compró las primeras acciones de una compañía con apenas 11 años y las vendió con una ganancia de 5 dólares.

Fue rechazado en la escuela de negocios de Harvard y luego estudió en la escuela de negocios de Columbia.

En los años 50 fue analista de inversiones y en 1969 adquirió una empresa textil llamada **Berkshire Hathaway** la cual convirtió en un gran holding que le permitió obtener lo que es hoy su fortuna de más de 60 mil millones de dólares.

Se ha caracterizado por ser un inversionista que va en contra del mercado, compra cuando todos venden y viceversa.

Se especializó en invertir en empresas subvaloradas. Es un gran filántropo.

Amancio Ortega (79 años)

Este español es hoy el segundo hombre más rico del mundo gracias a la empresa española especializada en moda **Inditex.**

Comenzó como repartidor de tienda a los 14 años.

A la cabeza de Inditex ha desarrollado un modelo de negocios para ofrecer al público moda de alto nivel a precios bajos, su marca más conocida es las tiendas Zara.

Es un hombre de hábitos muy sencillos que aun hoy almuerza en el comedor de empleados de la empresa.

Carlos Slim (76 años)

Ingeniero civil mexicano, desde muy joven se dedicó a los negocios y a la compra venta de bienes raíces.

En 1997 realizó importantes inversiones en Apple justo antes del lanzamiento de la I Mac, con lo cual multiplicó varias veces su fortuna.

Está vinculado desde los años 90 a los sectores de telefonía y medios en México y Estados Unidos.

Ha sido considerado varias veces el hombre más rico del mundo.

Jeff Bezos (52 años)

Ingeniero de profesión. Inició su carrera en una empresa de fibra óptica y luego en un fondo de inversiones en Wall Street.

En 1995 abrió con oficinas en el garaje de su casa y 300 mil dólares principalmente de sus padres una librería virtual llamada **CADABRA.COM** en la cual ofrecía un interesante catálogo de libros de diferentes editoras, poco tiempo después rebautizó su sitio web como **AMAZON.COM**, hay quienes piensan que es una referencia al rio Amazonas, pero lo cierto es que fue una estrategia deliberada para de posicionamiento pues en aquel tiempo las búsquedas se ordenaban alfabéticamente.

Hoy el patrimonio de Jeff Bezos se estima en más de 66 mil millones de dólares.

Luis Von Anh (36 años)

Es un ingeniero en computación Guatemalteco creador de las aplicaciones mundialmente conocidas de **Capcha** y **Recapcha** las cuales fueron vendidas a Google en más de cuarenta millones de dólares.

Hoy está a la cabeza de **Duolingo** que es una plataforma gratuita de aprendizaje de idiomas que la inició para ayudar a sus compatriotas latinoamericanos en los Estados Unidos.

Este portal no obtiene recursos de quienes aprenden un idioma, el verdadero negocio está en realizar traducciones que a través del servicio que prestan son hechas y revisadas por las mismas personas que están aprendiendo otro idioma en el portal.

Es un promotor del Crowdsoucing que es la externalización de tareas a un sin número de personas a través de una convocatoria abierta

Larry Ellison (72 años)

Nació en Manhattan, Nueva York. Fue un estudiante brillante pero poco atento, se inició laboralmente en el sector de la tecnología.

En 1970 se unió a dos de sus antiguos jefes para hacer un trabajo a la medida, al finalizar se comprometió a no hacer más trabajos de este tipo y empezaron a trabajar bases de datos relacionales.

Con apenas 1400 dólares junto a sus dos socios inició la empresa **Laboratorio de Desarrollo de Software (SDL)**, posteriormente fue rebautizada como **Oracle**.

La base de datos Oracle, hoy es patrimonio de Larry y se estima en más de 50 mil millones de dólares.

Ingvar Kamprad (89 años),

Multimillonario sueco, es el fundador de la mayor empresa de muebles del mundo. Con 17 años, en 1943 creó la famosísima cadena **IKEA** con un dinero producto de la recompensa que recibió de parte de su padre por su éxito en los estudios.

Al inicio comenzó vendiendo distintos productos, desde cerillas de fósforos hasta medias. Mientras que sus compañeros de escuela se interesaban por el fútbol y salir con las chicas, Kamprad estaba pensando en cómo ampliar su negocio.

En 1953 realizó su primera exposición de muebles en **Älmhult**, Suecia. Hoy en día con 89 años es el dueño de la mayor compañía de muebles a nivel mundial.

Posee una enorme fortuna de más de 3500 millones de dólares de acuerdo a Forbes.

Aristóteles Onassis (1906-1975)

Era un inmigrante griego en los años 20 en la ciudad de Buenos Aires. Comenzó limpiando vidrios en una sastrería y después consiguió trabajo como telefonista, falsificando su identidad para ser seis años más viejo y estar en condiciones de trabajar.

En las noches estudiaba la dinámica del mercado financiero, con lo poco que ganaba logró comprarse ropas muy finas y sofisticadas, así se fue introduciendo en la clase alta de buenos aires. Gracias a sus amigos se inició en la importación de tabaco turco que estuvo muy de moda entre las mujeres en los años 20, en los años 30 compro dos barcos en Canadá y se inició en la industria naval, a los 25 años ya tenía 1 millón de dólares.

Llegó a ser el más importante empresario naval del siglo 20 y el hombre más rico de su época.

Creer

"A menos que creáis en vosotros mismos, nadie lo hará, este es el consejo que conduce al éxito"

John D. Rockefeller

La fe es la confianza en lo que no es tangible por su naturaleza.

Respiramos aire que no vemos, sabemos que el sol saldrá de nuevo mañana aunque no depende de nosotros, después del invierno llega la primavera, son todas afirmaciones basadas en la confianza.

Confiamos y le tenemos fe a personas de nuestro entorno y a algunas que incluso no conocemos, esas son manifestaciones importantes. Ahora bien ¿nos tenemos fe a nosotros mismos?

La fe es la certeza, la seguridad y la confianza en una persona, una divinidad, una opinión, doctrina o religión. Es algo impalpable que reviste una enorme fuerza que es capaz, como dice el dicho de mover montañas.

La historia está llena de personas que apenas con lo justo para comer y con mucha confianza y determinación crearon imperios económicos o riquezas sin igual y el **factor común** entre estas personas exitosas es la confianza y la fe que se tenían a sí mismos.

La fe es un estado mental

Se puede considerar que nuestra fe, genera un pulso vibratorio en nuestro subconsciente porque a partir del deseo, logramos programar nuestra mente y focalizar toda nuestra energía en ello.

Es así pues que la fe pasa a ser como una especie de escalera mística entre nuestra realidad y aquello que deseamos lograr, puede considerarse esa fuerza intensa entre nuestros pensamientos y sentimientos.

La fe también es una decisión, un acto voluntario y deliberado impregnado de emoción positiva y en consecuencia un estado mental. Al ser instalada en nuestro cerebro y estimulada reiteradamente, logra impulsar nuestra autosugestión, que es esa influencia personal que tenemos nosotros mismos en nuestra mente subconsciente que logra proyectar toda esa energía hacia los objetivos planteados.

Las creencias limitantes

La confianza, la resilencia y la fe en nosotros mismos desplazan al miedo, nos hacen asertivos y afilan nuestro discernimiento haciéndonos resistentes a aquellos bloqueos preestablecidos y fijados por las creencias limitantes que nos han infundado a lo largo de nuestro vivir y que nos paralizan ante la oportunidad de crecimiento.

Las creencias negativas en torno al dinero pululan en la mente subconsciente y operan como mecanismos de auto protección contra los sentimientos de frustración, dolor e impotencia que pudieran desencadenarse por la vivencia de situaciones especiales propias o ajenas generalmente asociadas a la pérdida o al fracaso.

Las motivaciones o percepciones erróneas, también llamadas creencias limitantes fueron denominadas por Aaron Beck, padre de la terapia cognitiva como **"distorsiones cognitivas"**, enmarcando dentro de esta generalidad aquellos errores que sistemáticamente comete el pensamiento al procesar la información recibida. Para la psicología cognitiva, el factor que determina la vida de cada persona no es lo que le pueda ocurrir sino **la forma en la cual lo interprete**.

Las creencias limitantes no son males incurables, por el contrario, pueden ser eliminadas conscientemente al ser sustituidas por pensamientos alternativos, lo que sí es muy importante es agudizar el sentido de autoconocimiento para así poderlas identificar, en esta práctica puede resultar de gran ayuda el apoyo de un coach personal o un terapeuta.

Como verás, si reconocemos que en nuestra mente se alojan creencias limitantes que nos mantienen bloqueados en torno al dinero y la riqueza hay que accionar, hay que liberarse de ellas ¿cómo se hace esto? Se dice sencillo y fácil, **reprogramándonos**, hacerlo, requiere especial atención.

La reprogramación de la mente supone estimular el cerebro consciente y subconsciente, sustituir tus creencias, modificar tus hábitos y pensamientos, sustituir aquello que te bloquea por pensamientos de apertura y merecimiento. Incorporando en tu conciencia este conocimiento estarás en absoluta capacidad de saborear el éxito en todo cuanto te propongas y en crear ilimitada abundancia sin esfuerzo, sin preocupación y sin sacrificio.

La autosugestión

La autosugestión es ese poder ilimitado de nuestra mente que se relaciona con nuestra fe y motivación.

La mente es una poderosa herramienta y opera aprendiendo de todo cuanto la persona ve, siente, toca, percibe, oye y prueba. En sintonía con esto, procesa la alegría, la tristeza, la frustración y el miedo entre muchos otros sentimientos produciendo la fusión, esto es, las conexiones neuronales permanentes, lo que quiere decir que cada neurona actúa interconectándose con otras e intercambiando información, de allí se producen nuestras ideas y en la medida en que las repetimos, practicamos y repasamos se van arraigando, la mente va aprendiendo, fijando y perfeccionando procesos, tanto positivos como negativos.

El cambio en los paradigmas arraigados se logra cuando los pensamientos que se pretenden implementar a objeto de modificar los patrones mentales se repiten, se reiteran, se hacen hábito.

Para ello lo mejor es valerse de herramientas, información y hasta tecnología conformando así un sistema que en el caso que nos ocupa sustituirá los patrones de pobreza, escasez y carencia por patrones de abundancia, riqueza, prosperidad y éxito.

Cuando practicamos la autosugestión y programamos nuestra mente hacia el objetivo deseado damos rienda suelta a nuestra creatividad y aprendemos a creer en nosotros mismos, en nuestras potencialidades y comenzamos a descubrir muchas otras habilidades dormidas en nuestro subconsciente.

La autosugestión puede hacerse de forma relajada oral o visualmente, haciendo **repeticiones** y **afirmaciones** para trasladar una idea hasta lo más profundo de nuestro cerebro millonario.

Una vez fijamos ideas en nuestro subconsciente este moverá cada célula e impulso de nuestro cuerpo en la dirección indicada, es programarse para el éxito.

El poder de la autosugestión es infinito, y su éxito depende de la disciplina en la aplicación de los ejercicios prácticos, en la convicción con que se realicen y en la constancia.

La mala suerte NO EXISTE, no es algo real

Todos hemos escuchado a personas que se refieren a otras como afortunadas e infortunadas, que Juan tiene mala suerte en el amor, que buena suerte la de Pedro que se ha ganado la lotería, que mala suerte los que vivían en Haití cuando el terremoto o que buena suerte la de una persona que no abordó un avión que luego se accidentó.

Si alguna persona se siente menos afortunada que los demás atrae lo negativo, si un estudiante universitario no estudia lo suficiente porque igual va a salir mal, pues lógicamente está construyendo su fracaso, no es que tenga mala suerte, es que simplemente no preparó su éxito y la raíz de su tropiezo está en que no se siente merecedor de cosas buenas, no confió en sí mismo.

Si te programas adecuadamente, deseas algo con pasión y trabajas en ello sin dudar por un instante lograrás tu cometido y no será gracias a la suerte, será gracias a que tú te lo propusiste y lo lograste, es tu poder de desear, confiar y de realizar.

Sí al pensamiento positivo, NO al pensamiento negativo

Las actitudes positivas inciden de forma favorable en quienes las han internalizado, alguien que quiera un mejor empleo y se ha propuesto en conseguirlo, confía en ello, trabaja y se prepara en función de su objetivo, está en permanente búsqueda de nuevas oportunidades en el mercado laboral, se presenta confiado y preparado para un proceso de selección y con la confianza a tope tiene muchas probabilidades de conseguirlo, además con este mejor trabajo podrá obtener una mejor casa, vacaciones, ahorros en fin, una mejor calidad de vida que por cierto no encontraría si en su mente se alojaran ideas pesimistas.

Positivismo y negativismo operan cíclicamente. Si enfocamos nuestro pensamiento en ideas positivas cual bola de nieve vendrán acciones favorables, oportunidades y logros, caso contrario si nos dejamos invadir por el negativismo con éste vendrá la paralización, la falta de motivación, el desgano y finalmente el fracaso.

Si piensas que no lograrás lo que deseas, que las cosas buenas no son para ti, pues sencillamente te frustrarás, nada conseguirás y como es de esperarse, nada pasará.

La Autoestima

Todo ser humano tiene una imagen de si mismo, como nos vemos, hacia qué se orientan nuestras habilidades, qué se nos facilita y las cosas que creemos nos cuestan más que a la mayoría. Algunos son buenos para los números a otros les gusta la música, hay quienes no les gusta trabajar con gente y hay quienes se sienten de maravilla atendiendo público.

Lo cierto es que cada uno de nosotros tiene un cuadro de sí mismo, una autoimagen, que se ha formado principalmente por las interacciones con nuestros semejantes y nuestras experiencias a lo largo de la vida, esa imagen mental o autoimagen contribuye de manera directa a nuestra autoestima.

El ser humano debe ser capaz de confiar y respetarse a sí mismo, dado que la capacidad de raciocinio le permite distinguir entre lo bueno y lo malo, y el milagro de la vida es ya un mandamiento de procurar conseguir la felicidad, con lo que se puede afirmar que el estado natural de la autoestima del ser humano tiene que ser elevada.

Es usual en personas con alta autoestima comportamientos asociados a iniciar nuevos proyectos, a innovar en la forma como trabaja, se interesa en aprender cosas nuevas, rechaza y se aleja del pesimismo, se esfuerza día a día, no se conforma, está presto a capitalizar oportunidades.

En la faceta contraria podemos reconocer como síntomas de baja autoestima cuando un individuo tiene poca confianza en sí mismo, se desprecia como persona, no asume responsabilidades ni retos, se conforma, es fácilmente influenciable, manifiesta episodios depresivos, se mantiene en una zona cómoda y si lo sacas de su rutina se pone a la defensiva, entre otros comportamientos.

La autoestima sufre golpes que la van minimizando y disminuyendo, golpes auto infringidos o también ocasionados por personas de nuestro entorno. En muchos casos los niveles de autoestima suelen ser afectados sin que el propio individuo se dé cuenta. Detectar si esto nos está ocurriendo es un reto que a diario nos debemos imponer.

Para desarrollar un cerebro millonario es vital que los niveles de autoestima sean altos y saludables. Ahora para mantener elevada esa autoestima el trabajo interno debe avocarse a aceptarnos como seres humanos con defectos, con grandes virtudes y con mucho que aportar, amar nuestro cuerpo, reconocer nuestro esfuerzo, felicitarnos ante el triunfo, impulsarnos ante la derrota temporal, aceptar las oportunidades de mejora en aquello que no ha salido como se espera, ser objetivo con nosotros mismos, detectar y rechazar las malas influencias, pensamientos y falsos paradigmas que nos limitan.

Solo así podrá alimentarse el círculo de positivismo, motivación, emprendimiento y logro, que será el caldo de cultivo para la consecución de todo, absolutamente todo lo que queremos.

Ese trabajo interno es un proceso a desarrollar en la psique y como todo proceso tiene una dinámica que se traduce en hacerlo un hábito diario que consistirá en desarrollar partiendo de la base de sentirnos merecedores de las mejores cosas y a su vez de reconocernos como seres llenos de habilidades, en implementar en nuestras rutinas una serie de actividades que nos conforten y nos llenen de razones para seguir creciendo.

Algo así como:

- Escuchar tu voz interior antes que la de los demás

- Descansar lo suficiente, dormir por lo menos 8 horas diarias
- Regalarte una siesta de diez minutos después del almuerzo cuando el deber lo permita
- Comer sano y agradar a tu paladar con los sabores que disfrutas
- Mantenerte hidratado
- Hacer ejercicio
- Retomar las actividades que han desatado pasiones en tu vida y de las cuales te ha alejado la rutina como un cine a la semana o disfrutar un café y un libro
- Hacer una buena acción cuando puedas
- Usar ropa cómoda en especial los zapatos deben ser muy confortables
- No emitir juicios de valor de las personas a tu alrededor
- Tratar de escuchar más a las personas cercanas
- Saber decir No
- Aprender cada vez que puedas algo nuevo
- Comprometerte a eliminar los pensamientos negativos, a alejarte de las personas pesimistas o cuando menos a hacer posible que no incidan en tu proceso.
-

El cambio será inmediato y te sorprenderá gratamente.

Todo es posible cuando hay Fe

La fe en ti, en tus proyectos y en tus metas debe ser inquebrantable, incólume y la fuerza que la sostenga será determinada por la emoción y el fervor que les sepas imprimir.

Fe y autoestima son conceptos que se retroalimentan. Mientras más elevados se encuentren tus niveles de autoestima tu fe resultará fortalecida y viceversa.

Recuerda siempre que la capacidad de resilencia del ser humano es infinita, no importa cuán bajo hayamos caído o cuan fuerte sea el trauma que hayamos pasado siempre nos podemos levantar y salir fortalecidos de cada crisis, más fuertes y con más determinación.

En tu cerebro habita un genio millonario

Hagamos un ejercicio. Busca en tus recuerdos eso que coloquialmente se denomina un episodio de "buena racha", es decir, un período en el cual todo salió bien. Por ejemplo, encontraste un trabajo, pudiste pagar unas deudas que tenías gracias a una bonificación que ganaste por tu gran desempeño, te hiciste novio de la chica que siempre soñaste, encontraste el apartamento que estabas buscando y hasta ganaste un premio de lotería.

Analicemos ¿Qué pasó durante ese período en el que todo fluyó como por especie de magia? Sencillo, fuiste tú cuando abriste tu mente y tu alma a recibir lo bueno de la vida, tal vez no fue en un acto consciente, pero lo hiciste.

Los millonarios reconocen el genio que llevan dentro, actúan y trabajan en función a esa premisa.

El genio millonario no se deja afectar por el exterior, no le importa el qué dirán ni la expectativa de los demás sobre su futuro. Es rebelde, no teme al fracaso, no le interesa que le llamen doctor, solo le interesa producir dinero y multiplicarlo, construye sus propias reglas, es un buscador de oportunidades de negocio, es arriesgado y disciplinado, comprometido y ha forjado una particular filosofía de vivir:

- Delega y aprende supervisando
- Gasta poco, gana mucho
- Entiende que gasto es diferente a inversión
- Observa y pregunta
- Indaga
- Aprende de finanzas
- Tiene por regla que toda adquisición o produce dinero o no resta el que se posee
- Controla el temor
- Ayuda a otros al triunfo

¿Te sientes identificado? ¿Reconoces el genio millonario que habita en ti? Excelente, vas por buen camino.

La Visualización

"Sólo triunfa en el mundo quien se levanta y busca a las circunstancias y las crea si no las encuentra"

George Bernard Shaw

Para reprogramar el cerebro hay que conocer la forma como este opera

El cerebro humano adquiere su aprendizaje a través de los cinco sentidos, de tal manera que para implantar cambios en él es necesario intencionalmente involucrar el plano sensorial en conjunto.

Así entonces, atraer dinero, convertirte en riqueza, dar la bienvenida a la abundancia parte de la práctica de un sencillo ejercicio: Imagina que tienes todo el dinero que deseas, ahora hazte las preguntas de rigor: ¿Cómo te ves? ¿Qué hueles? ¿Cuál es el sabor que experimentas? ¿Qué sonidos escuchas? ¿Qué estás sintiendo?, esto es **visualizar**.

La visualización es una técnica orientada al logro de todos los objetivos que te puedas plantear en la vida, una estrategia tan efectiva que es empleada a nivel gerencial en la formación de líderes, en el entrenamiento de deportistas para la mejora de su rendimiento, en celebridades y en estudiantes mismos.

Una cosa es atraer dinero y otra diferente es conservarlo y multiplicarlo. ¿Has escuchado de personas que lograron ganar la lotería y en poco tiempo volvieron a la pobreza? ¿O de personajes famosos que amasaron gran fortuna durante sus años de oro y hoy día viven en la absoluta miseria? Lo que le ocurrió a estas personas es que no se prepararon para conservar y multiplicar su dinero.

La reprogramación mental debe orientarse, debe dirigirse a cubrir todos los flancos. Al visualizar reiteradamente que tenemos la riqueza que queremos conseguiremos asociar el dinero al pensamiento, a la acción y al hábito.

De la misma forma, visualizar qué haremos con toda esta riqueza refuerza los patrones implantados que al repetirse en pensamiento, palabra y acción llenarán tu cerebro de ordenes orientadas a tu principal objetivo, comprometiéndose la mente consciente y subconsciente en ello.

La mente millonaria visualiza el dinero y de inmediato genera ideas para su multiplicación, esto sucede porque el patrón de pensamiento asocia la riqueza y el dinero con la abundancia y la prosperidad en una especie de ciclo que tiende a repetirse o a mutar hacia el crecimiento y la expansión.

Depende entonces de tu voluntad emplear la asociación para tu provecho o beneficio asociando la riqueza que tanto quieres a la multiplicación, la felicidad, la plenitud, la libertad y la seguridad, **eres tú quien elige ser millonario.**

Un ejercicio: Imagina tus ingresos anuales, cuánto tiempo deseas trabajar, viajes, compras, estima el dinero que usarás, en qué invertirías, tus activos, la casa en la que quieres vivir, así te estarás visualizando, obsérvate viviendo esto y si por alguna razón oyes alguna voz que te dice que no puedes o que no sueñes intenta apartarla, no la escuches.

Una idea puede construir una fortuna

No siempre hay que innovar para llegar a la cima. Las cosas simples y sencillas tienen infinidad de maneras de ser abordadas.

Más importante que el objeto de la fuente de tu riqueza son los recursos con los cuales cuentas para llevarla a cabo, su sabio e inteligente uso.

Partiendo de una idea es posible crear un imperio, todas las grandes empresas se gestaron en una mente bajo esta forma.

Ahora que distinguir entre la multitud de ideas que atraviesan una mente abierta a la oportunidad de hacer grandes cosas, cuáles serán viables o productivas, esto es encontrar a la gallina de huevos de hora es un poco más complejo, y bueno, te hemos dicho que no es un secreto, esto no quiere decir que sea fácil, en todo caso el que no sea fácil NO implica que no sea posible.

Vayamos a la práctica, en el universo de ideas que inundan tu pensamiento abierto a recibir del universo todo aquello que quieres, deseas y anhelas, explora y realiza una especie de jerarquización, colocando en los primeros lugares aquellas ideas que revistan las características que te indicamos a continuación:

- Que sean simples y se encuentren claras y definidas, tanto que puedas explicarla en pocos minutos.
- Que ofrezcan o represente una solución a una necesidad real: Puede que en tu cabeza se haya gestado la mejor de las soluciones pero esta no será realizable si no existen personas que tengan ese problema.
- Que aporten un enfoque distinto, que innoven el mercado o mejoren las soluciones que ya hayan sido aportadas por tus predecesores.
- Que sean escalables, es decir que la curva de ingresos y beneficios que proyecte crezca con respecto a la proporción de los gastos que ocasione su implementación.
- Que sean expandibles, es decir que tenga potencial de crecimiento.
-

Las Ideas sin acción se anulan

Las ideas que no son accionadas son como las olas del mar, llegan y luego se van, se anula.

Tu idea debe ser proseguida de un plan de investigación tendente a evaluar su viabilidad, luego vendría la capacitación y adquisición del conocimiento necesario, planeando cada parte del proceso pues la improvisación no es palabra que se corresponda con el éxito.

Es esencial moverse de la zona de confort y comenzar a evaluar el provecho de juntar y movilizar los recursos que tenemos.

La curiosidad es muy importante

Ante cualquier necesidad del mercado observada, ya sea existente o por crear, las ideas se afilan cuando son cuestionadas por la curiosidad.

El Para qué sirve y mucho, pues desencadena múltiples enfoques y usos en lo que a oportunidades de negocio se refiere.

El poder de la curiosidad estimula el pensamiento y la creatividad, mientras más curioso seas más probabilidades de soluciones serás capaz de generar.

No hay límites para visualizar

Existe la creencia de que para hacer fortuna hay que partirse el lomo trabajando, esto es falso, absolutamente falso.

El éxito financiero no depende de la cantidad de horas que trabajes, el dinero, la riqueza y la abundancia no están en el trabajo, están en la conducta asumida frente a las ideas viables.

Cuando se detecta una idea realizable, todo lo que haces a su alrededor fluye como por arte de magia, el dinero llega por todos lados, las oportunidades comienzan a aparecer, una mejor que la otra.

Cuando visualices tu futuro no escatimes, cada sensación, cada momento recreado, cada cosa que hagas que te proyecte hacia la realización de tus metas es además de válido coadyuvante, más lo creerá tu cerebro, más próximo estarás a vivirlo.

Siente el dinero en tus manos y míralo en tu poder

No permitas que la fortuna te sorprenda, prepárate para que tus ideas comiencen a rendir beneficio, visualiza cómo será tu vida cuando tengas todo el dinero que sueñas, el éxito no debe agarrarte desprevenido pues a lo mejor no sabrás qué hacer con él.

Nuevamente te invitamos a que te realices las preguntas: ¿Cuánto dinero quieres tener? ¿Cuán rico quieres ser?

Si no tienes claro esto nunca vas a obtener tu independencia financiera pues no sabrás cómo afrontar tu nueva realidad.

El día de hoy toma lápiz y papel, escribe algo como esto: "A partir de hoy dejaré de ser pobre, el dinero vendrá a mí, en cinco años seré millonario" fírmalo, escribe la fecha y colócalo en un lugar visible, cada vez que veas y leas esta nota visualiza tu futuro, trae esa imagen y todas las sensaciones posibles a ese momento y repite la mayor cantidad de veces que puedas el ejercicio.

Tu meta será lograda en la medida en que potencies tu pensamiento a través de la auto repetición el fervor, la emoción y el sentimiento que imprimas a tu deseo.

Aumenta tu concentración

¿A dónde quieres llegar? ¿En qué punto te encuentras en este momento? ¿Cómo sabrás si vas por el camino correcto? ¿Cómo sabrás si has llegado a donde quieres?

Concentrarte en trazar el camino a seguir impedirá que ocurran desviaciones.

Todo proyecto a emprender se topará con circunstancias que intenten desviar tu atención, mantenerte focalizado en las interrogantes con las que iniciamos este apartado incrementará tus niveles de concentración y enfoque, fomentando en ti la capacidad de solucionar las contingencias presentadas sin perder el norte.

El desconocimiento del punto de partida incide negativamente, por ello ser consciente de cuánto falta, de qué requieres, de cuánto debes permitirá focalizar tu atención en adquirir lo necesario o en valerte de los recursos con los cuales puedas llegar a contar para avanzar al nivel siguiente.

Desear tener mucho dinero no es saber a dónde se quiere llegar. Debes saber para qué lo quieres y qué hacer con él en el momento en que se consume ese deseo, no tenerlo claro aún habiéndote reprogramado hará que tan rápido como llegue la riqueza a tu vida se te escurra de las manos.

La especificidad es clave, mientras más detalles incluyas en tus objetivos más se orientará tu concentración hacia la acción.

Tu capacidad para concentrarte en tus deseos incidirá en el desarrollo de tus habilidades para valerte de la autosugestión y así lograr que el mero deseo trascienda y se convierta en una sana obsesión.

Recuerda siempre, tú decides qué pensar, de ese modo diriges y controlas tu ambiente, canalizas tu vida hacia donde quieres, permaneces concentrado en tu voluntad orientada al logro y en la creación de hábitos conductuales.

Si no ejerces control sobre tu mente, esta te controlará a ti.

Tu sexto sentido te guiará

Una vez que tengas claro que quieres ser millonario y lo que eso significa para ti, asociado a estados positivos, estarás convencido de que puedes lograrlo. Automáticamente tus comportamientos, pensamientos y acciones serán redirigidos hacia el trabajo por lograrlo, las ideas inundarán tu mente que por cierto ya se encuentra preparada para recibir el éxito e independientemente de la escasez o bonanza que rodee el sector en el que te desenvuelvas siempre estarás orientado hacia la atracción y multiplicación de riqueza, hacia la búsqueda de soluciones y no habrá poder que se interponga.

El sexto sentido es aquella parte de tu mente que presiente, que intuye. Para que la intuición juegue a favor, es necesario comprenderla, eso se logra estimulando el desarrollo mental y la meditación.

Naturalmente hay quienes son más habilidosos en la utilización del sexto sentido, otros en cambio requieren la práctica de actividades tendentes a su desarrollo, en cualquier caso, la mente preparada para el éxito cuenta con la ayuda extra de la intuición que se une al conglomerado de elementos intervinientes en la materialización de los deseos.

Escucha tu voz interior.

7 pasos para estimular tu subconsciente

La mente subconsciente ejecuta las órdenes que ha recibido a través de los pensamientos las ideas y las emociones.

Ya hemos comentado previamente que la autosugestión es el medio para influir en el subconsciente. Transformar un plan, una idea o un propósito en algo concreto se realiza indirectamente a través de la autosugestión.

El estímulo reiterado conjuga todas las técnicas esbozadas a lo largo de este libro la confianza, la visualización, la concentración y la imaginación, su objetivo es la creación hábitos de pensamientos favorables que al reforzarse con la intensidad del sentimiento hace más susceptible activamente al subconsciente hacia el impulso deseado.

Un ejercicio para estimular el subconsciente, Afirmar y Repetir:

1. Procura a diario un momento de tranquilidad y soledad en un lugar en el cual te sientas cómodo y a gusto y en el que puedas dedicarte exclusivamente a pensar en tu objetivo.

2. **Afirma a viva voz**: lee en voz alta, una afirmación sobre tu deseo de ser próspero, millonario y feliz. Involucra en esta acción tus sentidos, visualiza el panorama, siente y emociónate con tus palabras y con las ideas que llegan a tu mente. Cuánto deseas tener, en cuanto tiempo deseas lograrlo, cuál sería la fuente probable de tu riqueza, en qué podrías emprender para conseguir la riqueza que quieres. Incluye en tu afirmación a tu subconsciente, ordénale que trabaje en función de dar cumplimiento a tus deseos.

3. Deja que las ideas fluyan en tu cabeza una vez te visualices tal y como quieres llegar a estar, con el dinero que quieres llegar a tener. Estas ideas tomarán la forma de un plan que debes comenzar a perfeccionar y que debes comprometerte a seguir.

4. Toma por hábito **repetir** a viva voz cuando menos 3 veces al día esta afirmación y durante la mayor cantidad de espacios que poseas en tu día a día, internamente continúa repitiendo. Mientras más veces **afirmes** tu mente subconsciente aprenderá el patrón, tomará la orden y accionará en función de esta.

5. Coloca en un lugar visible tu afirmación, cada vez que veas el papel léelo, memoriza imprimiendo toda la emoción posible, en la medida en que vayas haciendo hábito de esto, tu creatividad se activará y tu mente generará más y mejores ideas.

6. **Cree** en lo que haces y no permitas que el escepticismo se apodere de ti. En muy poco tiempo sentirás como se transforma tu forma de ver la vida y tu propia actitud.

7. **Escribe** la añorada cifra, haz un cheque con la cantidad que quieres llegar a obtener, fírmalo, ponle fecha y contémplalo siempre.

Piensa repetidamente que el dinero es consecuencia de tu actitud canalizada hacia tu deseo por medio de una meta a la cual le has fijado valor monetario y plazo.

Si le ordenas al subconsciente que te haga millonario a través de prácticas de autosugestión ese será tu camino.

El poder de tu mente

La humanidad se encuentra controlada por una cantidad de fuerzas intangibles y a sus influencias se encuentra sometida.

La gravedad y la inercia entre muchas no pueden ser vistas, sin embargo sus efectos son innegables y se fundamentan en criterios comprados.

El poder de la mente es similar a esto, no podemos verlo ni palparlo pero su incidencia en las personas es un hecho irrefutable.

En capítulo previo se ha referido que la creencia y la fe son estados mentales coadyuvantes en tu proceso para atraer la fortuna, la riqueza y la abundancia. En torno a ello muchas personas asocian esa fe a la espiritualidad, incluso llegan a delegar en el ser supremo les sea otorgada esta bendición.

Respetando los parámetros de la fe de cada quien, es importante señalar que aquellos que han logrado riqueza tienen como punto común el haber arraigado en su pensamiento el deseo y el convencimiento de poder hacerlo, entonces, inferir qué se debe hacer no es difícil. Cree, ora, medita, adora a tu Dios, pero por sobre todas las cosas, si quieres ser millonario actúa como si lo fueras, piensa como millonario, visualízate.

Si tienes problemas para que el dinero llegue a ti o si al llegar se esfuma seguramente es porque posees patrones instalados en tu cerebro adquiridos por la vía de la experiencia vivida. Si no reconoces tus creencias limitantes no podrás sustituirlas por aquellas que te lleven hacia tu objetivo.

Si alojas en tu mente la concepción en sentido negativo de las típicas creencias mal infundadas respecto del dinero, si te propones pensar que el dinero sí es bueno, que puedes tener mucho dinero sin partirte el lomo trabajando, que eres y te sientes rico, que los ricos sí van al cielo, que los ricos son de buen corazón, tu mente actuará suponiendo que así es.

La mente humana es extraordinaria y poderosa. La riqueza, la abundancia, la facultad de atraer el dinero y de multiplicarlo nace, crece y se reproduce en los estados mentales deliberadamente controlados. La red de pensamientos que se alojan en la mente al ser mezclados a propósitos y finalidades específicas así como al ferviente deseo y la voluntad de transformación es el vehículo expreso para la obtención de todo cuanto el ser se proponga.

Programando intencionalmente la mente, es posible lograr superar la tendencia a la derrota o al fracaso.

Una cosa es afrontar la derrota temporal que en algún momento hayas tenido que atravesar y otra muy distinta es dejarte dominar por el temor al extremo de paralizarte y de ni siquiera intentar por pensar de antemano que vas a fracasar. Todo éxito es precedido de fracasos, de tal forma que la reprogramación de la que se hace referencia es relativa a resistir, manejar y saber afrontar los tropiezos que en el camino seguramente se van a presentar.

Si tu mente abriga la idea de lo imposible jamás conocerás el éxito. Tu subconsciente no distingue entre pensamientos que construyen o destruyen, solo obedece a los patrones en ella alojados y conforme a estos opera.

Los hábitos y el poder de los pensamientos de aquellas personas con quienes te asocias son contagiosos. Rodearse de un círculo social de personas con finalidades comunes permitirá la combinación de esfuerzos mentales que los impulsarán a todos hacia el eficiente logro de sus objetivos.

Ahora que, los bloqueos mentales respecto del dinero tienen una poderosa fuerza y no es suficiente con solo afirmar, visualizar, desear, orar, hay que actuar adoptando medidas en el plano físico evitando así quedar en el sueño y convirtiendo el deseo en una categórica y definitiva realidad.

El Conocimiento Especial es Valorado

"El cerebro no es un vaso por llenar, sino una lámpara por encender"

Plutarco

Los millonarios saben de su negocio, y mucho.

Puedes obtener todo el conocimiento que necesitas

El aprendizaje es una de las principales características del ser humano y está relacionado con el cambio constante del comportamiento que proyecta la adquisición de un conocimiento u habilidad.

El aprendizaje se relaciona con el uso de las capacidades cognitivas y cerebrales, el proceso de aprendizaje le permite a los seres vivos adaptarse a las distintas variantes de su entorno.

Es en ese proceso donde se adquiere el conocimiento necesario para producir y manejar cambios dentro del entorno.

El aprendizaje significativo es un conocimiento generado en base a los intereses particulares de cada persona y se asocia al conocimiento en un área específica del saber.

Por lo general el conocimiento de se da a través de la interacción con el entorno social y físico. El ambiente donde se desarrolla un individuo es determinante para todo aquello que vaya a aprender, primeramente aprendemos procesos conductuales, como gatear, caminar, y así poco a poco vamos adquiriendo el conocimiento que nuestro entorno nos vaya enseñando, por ejemplo el idioma, la religión, los valores, entre otros.

Todo proceso de aprendizaje implica una interacción con el entorno. Es importante destacar que los conocimientos adquiridos se pueden modificar según la influencia de los elementos sociales, por ejemplo, muchas personas en momentos determinados cambian de religión, o adoptan costumbres culturales que no le son propias, dejando a un lado aquella ideología enseñada durante su infancia.

Existe el conocimiento general que es de poco uso al tratar de producir dinero, puesto tiende a ser libre y cualquiera lo puede obtener fácilmente, en cambio el conocimiento específico o especializado con la debida gestión **es en donde se puede encontrar fortuna**, el desarrollo de una vacuna o un medicamento efectivo es una mina de dinero por su amplia aplicación y el bienestar que conlleva su uso, esto es un ejemplo de conocimiento especializado, en cambio un remedio natural de hierbas para la migraña es un conocimiento que general se pasa de abuelas a hijas, esto es conocimiento general, vemos que tiene poco potencial de producir dinero.

Encuentra ese conocimiento

La riqueza está en el conocimiento específico o especializado que te separa del colectivo. Saber te hace valioso y te permitirá ganar mucho dinero, saber hace que te conviertas en eso que quieres ser. Justamente allí está tu fortuna.

El aprendizaje significativo es aquel que se obtiene sobre materias del interés particular, es voluntario y más profundo porque hay disfrute en el proceso de aprender y una convicción positiva, que te llevará a trabajar con pasión en ese campo que escogiste o consideras se te da con gran facilidad.

Cada persona tiene habilidades y capacidades para ser más exitoso en algún campo del saber o del ejercer, tu tesoro está en tus conocimientos no en tus bolsillos ni en tus cuentas bancarias.

La habilidad para conseguir dinero con ese conocimiento especializado sobre un proceso, mercancía, mercado o profesión está en que el individuo debe saber dónde encontrar el conocimiento, cuándo es necesario instruirse y cómo generar un plan de acción para convertir ese conocimiento en dinero.

Los hombres exitosos nunca paran de adquirir nuevos conocimientos sobre su principal propósito, no hacerlo los lleva a la obsolescencia y a perder vigencia. Así lo refirió Warren Buffet, CEO de Berkshire Hathaway uno de los fondos de inversión más grandes de la historia de las finanzas y también poseedor de una de las fortunas más grandes sobre la tierra en uno de sus primeros consejos a inversionistas *"NUNCA INVIERTAS EN UN NEGOCIO QUE NO PUEDAS ENTENDER".*

Las ideas sencillas han dado grandes resultados

Por increíble que parezca las ideas más productivas no siempre han sido complicadas. A continuación te mostraremos una serie de ideas simples que han producido millones:

1. **Post it**: Quien no conoce ese block de notas adhesivas que podemos dejar como recordatorio en la nevera o en la pantalla de la computadora. En 1960 Spencer Silver creó un pegamento con características especiales, no era muy bueno pegando cosas, años después la mundialmente reconocida empresa 3M, utilizó dicho pegamento para los marcadores de un libro, vieron el potencial del producto y ahora todos tenemos notas de recordatorio.

2. **Facebook**: Su creador Mark Zuckerberg alrededor del año 2000 era un estudiante de la Universidad de Harvard y con otros estudiantes creó un sitio web para compartir fotografías e historias de estudiantes de la universidad dado que habían muchos anuarios dispersos. El furor fue tal que colapsaron el servidor de la universidad, lo que vino luego ya es historia. Hoy Facebook es la red social por excelencia a nivel mundial, una empresa valorada en billones de dólares.

3. **Pet Rock o mascota de piedra**: fue una invención de Gary Dahl a mediados de los años 70. Este chico escuchando la queja de sus amigos sobre la atención que requerían sus mascotas decidió crear una mascota de piedra, si como lo escuchan, diseñó un empaque llamativo como si se tratará de un animal vivo y escribió un curioso y gracioso manual con instrucciones como "SI LE PIDE QUE SE SIENTE DOS VECES Y NO LO HACE, MEJOR NO INSISTA". Las Pet Rock costaban 4 dólares y se vendieron más de un millón y medio de ejemplares. Consideremos que eran los años 70 y no había internet, esto nos demuestra que una idea para ser millonaria no tiene que ser genial, lo que nos parece una tontería con el marketing adecuado puede ser todo un éxito.

4.

No necesitas empezar desde abajo

Si gracias a tu conocimiento específico o a la investigación de mercado posees una idea innovadora con capacidad para producir dinero pero no tienes el capital para llevarlo adelante, te informo que no tienes un problema, al día de hoy hay inversionistas ávidos de proyectos de inversión sencillos con alta capacidad de retorno creados por personas con el conocimiento adecuado pero sin la capacidad financiera para llevar adelante el proyecto.

¿Tienes un proyecto? excelente, concéntrate en levantarlo desde el punto de vista de antecedentes, factibilidad técnica y financiera, de retorno de inversión, posible mercado a atender, impacto ambiental entre otros y por supuesto debes cuantificar cuánto financiamiento requiere y cómo lo vas a devolver a tus prestatarios.

Está claro que los mecanismos de financiamiento tradicionales como los bancos son muy limitados a la hora de atender al sector emprendedor, pero si no consigues un inversionista interesado o el financiamiento bancario te pide garantías y requisitos que no tienes, puedes siempre acudir al CROWDFUNDING, esto es un mecanismo de micro financiación colectiva en donde los emprendedores presentan proyectos a una comunidad y estos pueden hacer inversiones muy pequeñas, pero como son muchas personas pueden alcanzar a financiar un proyecto de magnitudes financieras considerables, a cambio a los pequeños inversionistas usualmente se les ofrece una participación en las utilidades de la implementación del proyecto.

Otra opción para apalancar emprendimientos muy en voga en estos tiempos son las incubadoras de empresas y los ángeles inversionistas.

Es de notar que a través de estas plataformas los pequeños inversionistas toman participación en proyectos de alto riesgo y muy alta potencialidad de producir dinero.

El capital no es problema cuando la idea es buena.

La Imaginación

"Donde hay una empresa de éxito, alguien tomó alguna vez una decisión valiente"

Peter Drucker

Si eres capaz de imaginarlo lo puedes hacer.

La mente subconsciente es el lado transmisor del cerebro humano, paralelamente a ello, la imaginación creativa es el lado receptor.

En este sentido, la autosugestión es la forma como opera la transmisión, en tanto que la imaginación es el centro de construcción de los proyectos y los planes. Ante el mínimo impulso o estímulo la capacidad imaginativa de la mente es estimulada.

Maneras de imaginar

El propósito de vida se vincula a la pasión y la vocación, a aquello que se ama hacer, en consecuencia todo paradigma arraigado inherente al dinero, al trabajo y a la prosperidad sufre necesariamente una modificación en sentido positivo cuando nos dedicamos a lo que **verdaderamente queremos**.

Cuando llegamos a ser diestros en nuestra especialidad gracias al conocimiento adquirido potenciamos la creatividad, hacemos que las cosas fluyan y reconocemos el nuestro verdadero valor, nos llegamos a sentir ricos no por el dinero producido sino por la transformación que hemos logrado, así es como la conciencia de prosperidad se arraiga en cada tejido de nuestro cuerpo y de nuestra mente.

Potenciar la creatividad es imaginar a lo grande, sin embargo no es la única forma de imaginar.

La imaginación puede ser artificial o creativa.

La imaginación artificial ordena en diversas combinaciones conceptos o ideas preexistentes. No crea, no es origen pero sí organiza, diversifica y es útil en cualquier plano de la existencia.

La imaginación creativa concibe nuevas ideas o conceptos partiendo de alguna inspiración o de alguna premonición. Es la expresión máxima de la potencialidad de la mente y de todo lo que bien utilizada esta puede producir. Es la imaginación creadora de riqueza.

Aumente su imaginación

Los líderes destacados de la humanidad han forjado su éxito gracias al desarrollo de su imaginación creativa.

Imaginación y lógica pueden entrar en conflicto, ante esta situación la imaginación suele anteponerse.

La imaginación en todo sentido debe ser estimulada, la creatividad mucho más, para ello la práctica es clave:

- Reta a tu mente, mientras más le pidas, más te dará.
- Concéntrate en el deseo, magnifícalo y enfócate en pensar cómo hacerlo realidad.
- Nuevamente visualiza, piensa que estás disfrutando tu meta realizada.
- Piensa que todas tus ideas pueden ser transformadas en dinero y que para esto tienes un plan, créelo.
- Fíjale precio a tus ideas.
- Diseña formas de venta de tus ideas, une al creador y al vendedor que reside en tu interior.
- Alimenta tus ideas, impúlsalas, modifícalas, así permanecerán vivas y se multiplicarán.

En la medida que inundes tu pensamiento con reiteradas ideas que impulsen la creatividad tu mente comenzará a vagar entre tanto instala el patrón, posteriormente, al ser bombardeada con prácticas potenciadoras y estimulantes responderá y te darás cuenta de ello pues el cambio será notorio.

Lograrás visualizar tus metas como realidades cada vez más próximas.

Las leyes de la riqueza

En su obra "El dinero es mi amigo" el autor Phil Laut enuncia las 4 leyes de la riqueza, 4 principios que le dan sentido al arte de saber crear, mantener y multiplicar el dinero:

1. **La ley de ganar:** La riqueza humana es una creación exclusiva de la mente.

2. **La ley de gastar:** el valor del dinero lo determinan comprador y vendedor de manera conjunta. El gasto orientado hacia la producción de dinero, hacia el ahorro y hacia la disminución de aquello que no retribuirá beneficio alguno.

3. **La ley de ahorrar:** El dinero sobrante del ingreso debe acumularse, esto produce seguridad, tranquilidad y sensación de abundancia.

4. **La ley de invertir:** multiplicar el dinero, gastar el capital con la finalidad de aumentar el ingreso. Esta ley combina las leyes del ganar, gastar y ahorrar.

5.

Cómo vivirías con un millón de dólares

Sin visión no hay cambio, sin cambio no hay crecimiento, sin crecimiento no hay fortuna.

La **pasión** es la fuerza que mueve a hacer grandes cosas. Cuando te dedicas a hacer lo que amas encuentras emoción, placer y satisfacción.

Los millonarios sienten el trabajo como un pasatiempo pues para ellos representa la viva expresión de una pasión.

Si hoy día tuvieras un millón de dólares ¿Dónde estarías? ¿Cómo vivirías? ¿A qué te dedicarías?

La respuesta a estas interrogantes te permitirá identificar dónde se encuentra tu mayor posibilidad de hacer fortuna.

Otro trabajo práctico: encuentra ese arte, ese oficio, ese negocio o profesión al cual te dedicarías aunque fueras millonario, aunque no te pagaran por hacerlo, ¿lo tienes? Bien, es justo ahí donde a partir de ahora debes estar.

Convierte tus ideas en dinero efectivo

La materialización de las ideas es la consecuencia de la aplicación de una metodología rigurosamente aplicada en el accionar. Si bien la preparación mental es crucial, la acción en el plano físico no es menos importante. De allí que sistematizar es lo que sigue, teniendo en cuenta que:

-   Visión, razón y motivo clarifican el para qué se quiere.
-   Decisión y acción mantienen la orientación al logro.
-   Enfocar energía y tiempo crea dinámicas de éxito que se manifiestan en productividad.
-   Afrontar el miedo genera confianza.
-   Reconocer los recursos no monetarios incrementa el capital.
-   Valerse de aliados, comunidades y redes con personas comprometidas con finalidades afines acelera el proceso.
-   Apoyarse en mentores ahorra tiempo dinero y esfuerzo además de brindar la objetividad del criterio de una autoridad en la materia.
-   Evaluar, revisar el plan y verificar su cumplimiento permite redireccionar en caso de ser necesario.
-   Identificar las acciones más productivas y dedicar mayor tiempo y esfuerzo a ellas eleva las posibilidades.
-   Persistir fortalece la voluntad.
-   Identificar el vehículo y el tesoro impide que los objetivos sean desviados.
-   Ser paciente con el universo, con los demás y con uno mismo facilita el flujo.
-   Resistir fomenta la capacidad de recuperación y promueve el sacar partido de toda circunstancia.
-   El entusiasmo, compromiso y decisión de lucha mantienen el estado de clímax y la disposición hacia la realización.

Necesitas un Plan

"Algunas personas quieren que algo ocurra, otras sueñan con que pasara, otras hacen que suceda"

Michael Jordan

Improvisar no es de ricos

Las organizaciones más exitosas del mundo no gestionan sus grandes conglomerados en base a la inercia, la improvisación o a las oportunidades del día o de la temporada, estas organizaciones tienen muy clara su razón de ser o Misión y también establecen su objetivo como organización a largo plazo, esto es su Visión. Son muy objetivas para identificar realmente dónde están cuando hacen sus diagnósticos, cuáles son sus fortalezas y oportunidades y en el análisis externo se concentran en los competidores y en sus amenazas.

Una vez están claros y convencidos de cuál es su situación actual, su misión y su visión hacen planes de trabajo con el fin último de alcanzar su visión, formulando objetivos estratégicos a corto, mediano y largo plazo, todo este proceso es conocido como Planificación Estratégica.

El Plan Estratégico Personal

Si la planificación estratégica funciona para las grandes organizaciones y las personas más exitosas, entonces no dejemos nuestro futuro simplemente a las buenas intenciones y a la exclusiva motivación, elaboremos un plan estratégico personal, acá te enseñaremos brevemente como hacerlo:

1. Preliminar

Establecer tu visión objetivo es fundamental como ser humano, pero como humanos no somos empresas y nuestro único fin no es generar valor para el accionista, debemos lograr un desarrollo armónico en varios aspectos de la vida por lo cual enfocaremos el Plan Estratégico Personal desde 5 perspectivas tratando de cubrir el mayor número posible de aspectos de vida.

Perspectiva Estratégica   Descripción

Perspectiva Familia La perspectiva familia engloba lo inherente a las relaciones entre el individuo y su entorno más cercano, cónyuge, hijos, padres, hermanos

Perspectiva Laboral Se refiere a la interrelación del individuo con su entorno laboral como empleado, autónomo o empresario

Perspectiva Finanzas   La perspectiva finanzas se refiere a la sanidad de la situación financiera y la capacidad de generar ingresos pasivos y riqueza.

Perspectiva Salud   La perspectiva Salud está pensada para incluir en ella lo referente a prevención de enfermedades, estilo de vida saludable y recreación.

Perspectiva Aprendizaje   La perspectiva aprendizaje compone los objetivos de educación formal y no formal, el ser humano debe estar en constante aprendizaje

1.   Diagnóstico Personal

Por cada una de las perspectivas el individuo debe puntualizar su situación actual, cómo está en este momento. La objetividad en el diagnóstico de tu situación actual permitirá tomar las acciones adecuadas y efectivas para alcanzar los objetivos planteados.

PERSPECTIVA ESTRATÉGICA   DIAGNOSTICO

Perspectiva Familia 1. No tengo comunicación con mis padres
2. Me la llevo mal con mi pareja

Perspectiva Laboral 1. No tengo estabilidad laboral, solo un contrato

2. Tengo un segundo trabajo los fines de semana para completar los gastos

Perspectiva Finanzas   1. Apenas llego a fin de mes
2. No tengo vivienda propia, pago alquiler
3. No tengo ahorros
4. No tengo ingresos pasivos

Perspectiva Salud   1. No he ido al médico en años
2. Fumo, tomo café en exceso y bebo los fines de semana
3. Duermo muy poco tiendo al insomnio
3. No me alimento de manera saludable

Perspectiva Aprendizaje   1. No he tomado cursos de capacitación en años
2. Solo hablo un idioma
3. No sé cómo mejorar mis finanzas

2.   Objetivos

Por cada una de las perspectivas determinadas debes establecer objetivos de corto, mediano y largo plazo considerando que cada uno de estos debe contar con ciertos elementos como lo es que su redacción debe implicar una acción, deben ser alcanzable, medible y sobre todo debe implicar un esfuerzo su logro.

Ejemplo   de   Objetivos   PLAN   ESTRATÉGICO PERSONAL

PERSPECTIVA ESTRATÉGICA   1 AÑO   2 AÑOS   5 AÑOS

Perspectiva Familia 1. Dedicar 4 horas por semana de tiempo de calidad a mis hijos

2. Mejorar la relación de pareja con terapia

3. Abrir la comunicación con mis padres1. Hacerme amigo de mis hijos

2. Consolidar mi matrimonio

3. Alcanzar una buena relación con mis padres y hermanos

4. Comprar una casa   1.   Consolidación   de   todos   los anteriores

2. Comprar una casa en la playa

Perspectiva Laboral 1. Conseguir un solo trabajo bien pagado y a tiempo indeterminado   1. Elaborar el proyecto de mi empresa de Construcción   1. Conseguir financiamiento y echar a andar el proyecto de mi empresa

Perspectiva Finanzas   1. Ahorrar el 5% de mis ingresos   1. Iniciar un fondo de inversión para la vejez y la universidad de mis hijos   1. Hacer rentable el proyecto de empresa

Perspectiva Salud   1. Tomar chequeos médicos semestrales
2. Dejar el cigarrillo y moderar el café
3. Caminar 20 minutos diarios   1. Tomar 10 días de vacaciones familiares
2. Tomar una hora de ejercicio diario   1. Tomar 20 días de vacaciones familiares
2. Tomar una hora de ejercicio diario

Perspectiva Aprendizaje   1. Tomar cursos de capacitación e inserción laboral y PNL
2. Iniciar el aprendizaje de ingles   1. Tomar un curso de formación de empresas y finanzas
3. Consolidar el ingles   1. No he tomado cursos de capacitación en años
2. Solo hablo un idioma
3. No se cómo mejorar mis finanzas

Una vez formulados los objetivos tenemos el Plan Estratégico Personal, hasta acá no llega el trabajo, apenas empieza, por cada objetivo debes desarrollar y escribir cada una de las actividades que te permita alcanzar ese objetivo en específico.
Es muy importante que hagas un seguimiento por lo menos cada tres meses, allí sabrás qué lograste y que no, actualizarás tu plan y lo ajustarás a tus necesidades. Tu planificación así como la realidad no es estática, está siempre en constante cambio, hay que saber moverse a su ritmo.

Si tu plan no funciona ¡Vuélvelo a hacer!

Si de planes hablamos podemos pecar de ambiciosos y trazarnos objetivos irrealizables, o tal vez no conocemos una materia y encontramos limitaciones que desconocíamos, esto no te puede pasar solo a ti, las grandes organizaciones tienen equipos altamente calificados de planificación y seguimiento los cuales se dedican permanentemente a modificar y actualizar los planes que van sufriendo alteraciones o modificaciones como consecuencia de la incidencia de situaciones internas y externas.

Acá lo verdaderamente valioso es entender que el cambio es la única constante y persistir la única obligación, si las grandes empresas lo hacen ¿por qué no tú?

Muchos líderes empiezan como seguidores

Entendemos como liderazgo la capacidad de un individuo de influir en un grupo humano con el fin de movilizarlo hacia el logro de unos objetivos.

El líder se vale de sus conocimientos, habilidades y en algunos casos del carisma para tomar la batuta.

Existen liderazgos basados en el miedo, la represión, la imposición y por otra parte está el liderazgo genuino que se desprende del reconocimiento del grupo hacia un individuo que considera el más capacitado y en quien confían para que les dirija hacia el logro de sus finalidades.

En temas de dirección humana no existe el yunque y el martillo, como separar a personas entre líderes y seguidores, puesto que los líderes en su proceso de formación han sido seguidores, lo destacable es que los líderes más **exitosos** son aquellos que se encargan de **formar las nuevas generaciones de líderes**, no dejan al azar su sucesión, es una tarea que se viene gestando mucho antes de cualquier relevo.

Este tipo de líder entiende que para crecer hacia posiciones más relevantes en el poder tienes que tener un reemplazo formado, se retroalimenta continuamente de su entorno y asume los cambios con naturaleza, sabe que el liderazgo no es un privilegio sino como una responsabilidad con sus seguidores, es una filosofía de servicio. Esto no quiere decir que este tipo de líderes sean incapaces de tomar decisiones difíciles o poco populares, este liderazgo está basado en el logro de los objetivos y en la unión del equipo.

Cualidades de un líder

Las competencias que le permiten a un individuo tomar la iniciativa de un equipo para llevarlo hacia el logro de la misión encomendada varían incluso de acuerdo a la cultura. Así vemos que en las monarquías el derecho de la sangre entrega el liderazgo del reino aun en la actualidad, a pesar de esto la historia nos ha mostrado monarcas que no han tenido las dotes necesarias para dirigir sus reinos y han abdicado o han sido derrocados, por eso el líder genuino es aquel en que la gente confía y sigue.

Las cualidades necesarias para el liderazgo inteligente son las siguientes:

- Conocedor de la materia
- Compromiso
- Con vocación de servicio
- Didáctico
- De Carácter
- Comunicativo y con capacidad de escucha
- Carismático
- Motivador
- Disciplinado
- Emprendedor e innovador
- Confiable y responsable
- Con capacidad de convencimiento y negociación
- Apasionado
- Colaborador
- Generoso
- Enfocado en resultados

La práctica del liderazgo efectivo requiere que el líder trabaje y cultive continuamente tanto el conocimiento como las habilidades para manejar un equipo o dirigir un colectivo.

Los líderes también fracasan

El fracaso de un líder ocurre cuando este se muestra incapaz de llevar al equipo al logro del objetivo y pierde la confianza de sus seguidores, en ese momento podrá ejercer el poder del puesto pero no el liderazgo.

También ocurre cuando el líder se desconecta de sus seguidores debido a prácticas e imposiciones que van en contra de la filosofía y cultura del grupo, el líder no solo debe parecer capaz de guiar al equipo, debe demostrarlo.

Son fallas recurrentes en el liderazgo:

- La resistencia al cambio, aquel líder que llega a una zona cómoday lleva su organización y su equipo a situaciones que comprometen incluso existencia.
- El temor a la capacidad de sus seguidores, esto sucede cuando el líder bloquea a cualquier posible reemplazo considerándolo una amenaza y no un activo valioso.
- El no delegar, esto es, pretender concentrar todo el poder y criminalizar la iniciativa de sus seguidores.
- No prestarle atención a la formación de talento, esta situación condena el desarrollo del talento humano en las empresas y afecta su capacidad de crecimiento.
- No implantar una cultura de medición del desempeño, hay liderazgos muy fuertes que se centran en el líder y no en la organización y su equipo, para llevar al equipo al éxito hay que implantar la cultura del logro y la medición del desempeño, los seguidores deben estar claros en que espera la organización de ellos y como ha sido efectivamente su desempeño.
-

Los campos fértiles para el líder

Las situaciones que son prueba de fuego para todo líder son aquellas que representan conflicto y dificultad. Es en medio del problema cuando se demuestran los liderazgos y cuando se forjan las grandes alianzas entre el líder y sus seguidores.

Un aleccionador ejemplo es el caso del primer ministro Inglés Winston Churchill, en los tiempos de la segunda guerra mundial, quien ante el congojo por el sufrimiento, las privaciones, bombardeos y muerte de sus hombres en batalla, sabía conectar con su pueblo para inspirarlo y guiarlo a la victoria, una frase muy celebre suya fue *"UN POLITICO SE CONVIERTE EN ESTADISTA CUANDO COMIENZA A PENSAR EN LAS PROXIMAS GENERACIONES Y NO EN LAS PROXIMAS ELECCIONES".*

En épocas de crisis como la burbuja inmobiliaria del 2008, que provocó el quiebre de muchas empresas, la caída significativa de la producción en los países industrializados, la paralización del sector de la construcción y el descalabro del mercado hipotecario a nivel global, emergieron nuevos liderazgos para recomponer la economía, a saber de ellos en Estados Unidos llego Barack Obama a la presidencia con la promesa de sacar a América de la recesión y en Alemania la canciller Angela Merkel quien ha liderado el programa para llevar la eurozona de nuevo al crecimiento.

El capital es la base de la riqueza

El dinero de por si no es la única motivación del ser humano, pero sin duda alguna es el instrumento para el desarrollo de la calidad de vida y el desarrollo personal.

La educación, la salud, la vivienda y el esparcimiento implican la utilización de recursos económicos importantes, por tanto existe la obligación de procurar la mayor cantidad de estos para su satisfacción plena.

El dinero es prosperidad y es el medio para alcanzar tu máximo potencial, sin embargo, el capital no es solo dinero.

Muchos desmayan por no tener dinero, obviando que en su haber cuentan con una cantidad de recursos que son considerados como parte integrante del capital.

Las habilidades y destrezas, lo aprendido, los dones, las inclinaciones, las virtudes representan activos importantes.

Parte del plan de todo cerebro millonario debe contar con la sincera y responsable expresión del recurso con el que se cuenta de manera inmediata tangible o intangible y de aquel que debe ser procurado por medios externos.

Listo para la riqueza, preparado para ser rico

En lo interno, en lo físico y en lo intelectual ya a estas alturas debes saber cuál es tu orientación. Ya estás preparado para que tu vida se inunde de las maravillas que has soñado.

Ya sabes que tras la riqueza no se esconde un secreto y que hallarla depende exclusivamente de tu trabajo contigo mismo.

Finalmente, solo una interrogante más, ¿Crees que estás listo?

¡Deja que tu cerebro millonario te lleve a donde quieras!

El hombre que mueve una montaña comienza llevando pequeñas piedras

Confucio

LIBRO 2 EL TESORO DE JEHOVÁ

¡Puede ser tuyo!

Emir Samsores

Introducción

"La bendición de Jehová es la que enriquece, y no añade tristeza con ella". Proverbios *10:22*

Toda persona desde el momento de su concepción lleva consigo en su genética el mensaje de la vida, la abundancia, la expansión y el crecimiento. Esto es parte de la divinidad que cobija nuestra creación, es la absoluta, mera y total voluntad de Dios.

La búsqueda incesante y el mayor deseo de todo ser humano es mejorar cada día y triunfar económicamente.

Unos sencillamente esperan que el éxito llegue a ellos por sí solo, otros un tanto más arriesgados van por él y procuran encontrarlo en "cualquier parte", son sólo pocos quienes logran llegar a donde "yace El Secreto" y descubrir que es en el libro sagrado más antiguo de la historia de la humanidad donde reposa la única fuente de la abundancia, la prosperidad, la plenitud y la felicidad.

Paradójicamente, la humanidad tiene en su poder la solución a todos sus conflictos bajo la forma de tesoros ocultos que siempre han estado allí, esperando que alguien los encuentre, sin pensar que están al alcance de todos. Es una especie de secreto abierto, esto es, que está allí pero que aún no es conocido, creído o practicado.

La Biblia es la evidencia cierta y palpable de la voluntad y el amor de Dios hacia sus hijos. Es una carta que el Dios de los ejércitos ha dejado escrita para toda la humanidad, solo que esta, lastimosamente ha permanecido perdida, ocupada y difusa buscando en el mar, en las montañas, en los desiertos, en las selvas y en las ciudades más lejanas y ha obviado leerla y extraer de ella todas las riquezas que contiene. A nadie o a casi nadie se le ha ocurrido buscar en las páginas de esta carta de Dios, sin saber que la desdicha, la infelicidad y el fracaso ocurren precisamente por el desconocimiento de su palabra.

"Mi pueblo fue destruido porque le faltó conocimiento" Oseas *4:6*

Así es amigo lector:

Emir Samsores, trae para ti   "EL TESORO DE JEHOVÁ"

Y en el principio… ¿Quién es Jehová?

Jehová es la Deidad Suprema, es el Dios verdadero del que habla la Biblia, el creador de todas las cosas, lo adoraron los profetas Abraham, Moisés y también Jesús (Génesis 24:27, Éxodo 15:1,2; Juan 20:17; Revelación o Apocalipsis 4:11).

"Es el Dios de toda la tierra, no de un solo pueblo" Salmo 47:2

La Biblia dice que Dios tiene un nombre, que sólo le pertenece a Él: "Jehová" (Éxodo 3:15; Salmo 83:18)

El nombre de Dios en hebreo, representado con las cuatro letras del Tetragramatón, aparece unas 7000 veces en la Biblia. Aunque la mayoría de las traducciones lo han eliminado sin ningún motivo aparente y lo han sustituido por títulos como "Señor", quizá por eso no todos lo conocen.

Y ahora… ¿Cuál es el plan de Jehová para ti?

"Porque yo sé los pensamientos que tengo acerca de vosotros, dice Jehová, pensamientos de paz y no de mal, para daros el fin que esperáis". Jeremías 27:11.

Sencillamente el plan de Dios para sus hijos es la prosperidad en el más amplio sentido, esa que traspasa las fronteras del dinero y del lujo, eso que en la propia Biblia es denominado "plenitud de vida" o "vida en abundancia".

Jehová quiere que seas rico mas no esclavo del dinero, quiere que seas exitoso sin despojarte de tu humildad, que tengas todo cuanto deseas sin que la avaricia te gobierne en fin, quiere que seas feliz y que ayudes a tus semejantes.

"Amado, yo deseo que tú seas prosperado en todas las cosas y que tengas salud, así como próspera tu alma." 3 Juan 1:2.

La Biblia, la eterna palabra de Dios es la joya al alcance de todos para enriquecer el espíritu, dar vida al alma y esperanza al corazón.

¡Dios quiere que seamos ricos!

De manera errada la pobreza ha sido catalogada como una virtud ante los ojos de Dios, esto no es así.

Dios en su infinita misericordia abre sus brazos a ricos y pobres y a estos últimos les brinda su manto sagrado de protección lo cual en ningún caso implica que discrimine a quien sí ha logrado obtener riquezas. Lo que sí contraría sus preceptos y mandatos es la riqueza obtenida de manera ilícita, deshonesta, por la vía de la explotación, la avaricia, la maldad, la pereza, la adicción y el ocio.

Dios es amor

"El que no ama no ha conocido a Dios, porque Dios es amor" 1 Juan 4,8 "El que ama a Dios, ame también a su hermano" 1 Juan 4, 20-21.

Amor que conoce de perdón, de misericordia, de compasión y de servicio hacia el necesitado, eso es él y eso espera de nosotros. Sencillamente que en la búsqueda de nuestra felicidad tengamos vidas orientadas conforme a su palabra.

Ser rico a los ojos de Dios no es malo

La falsa apreciación de las escrituras en este sentido sólo conduce a la imposición de creencias que bloquean nuestro deseo de superación. Dios nos quiere prósperos abundantes y felices. Él nos ha dado el don de soñar y de desear, esto abarca mucho más que el plano material, es entonces nuestra responsabilidad transitar el camino de la vida tomando siempre su mano amiga y luchar por convertirlos en realidad el gran compromiso que debemos encarar.

Por qué Jehová dejaría un tesoro para la humanidad?

"Te daré los tesoros escondidos y los secretos muy guardados, para que sepas que yo soy Jehová, el Dios de Israel, que te pongo nombre". Isaías 45:3

El Dios de amor, el Dios de paz, el Dios de luz ha dejado en nosotros un regalo invaluable materializado en nuestra dimensión para que absolutamente todos podamos enriquecernos tanto en lo espiritual como en lo material y todo esto porque en su magnánima sabiduría, sabía que lo necesitaríamos para transitar el camino correcto, para hallar la libertad y para encontrarnos cuando estemos perdidos.

El tesoro que Jehová ha dejado a la humanidad trasciende la esfera de lo físico y lo material, es un tesoro espiritual, una serie de virtudes morales que nos guían al encuentro de una vida próspera, abundante y feliz. Sabiduría, conocimiento y discernimiento nos han sido otorgados tan solo a cambio de seguir el camino de Dios, de conocer a Jesús y de comprender el mensaje que a través de él Dios nos ha enviado.

Y es que al fin de cuentas, todo se hace por un hijo…

Piensa en lo siguiente:

¿Cuánto amas a tu hijo?... Quizá no haya palabras para poder describir todo el amor que uno como Padre pudiera sentir por su hijo o hija.

Déjame contarte una historia:

Un hombre tenía dos hijos. En cierto día el menor de ellos le pidió a su padre que le diera la parte de la hacienda que le pertenecía y este sin dudar así lo hizo.

Al poco tiempo y con todo lo que le había sido entregado, el impetuoso muchacho partió muy lejos hacia una provincia muy apartada en la cual viviendo perdidamente derrochó totalmente su fortuna.

Cuando ya nada quedaba en sus bolsillos, la provincia en la cual se radicó fue azotada por la hambruna y la miseria. El muchacho conoció el trabajo duro, la sed, el hambre, el cansancio, la derrota y la humillación. Se hizo criado y tuvo que comer hasta el alimento que daban a los cerdos para no morir de hambre.

Al sentir la necesidad, la indigencia material y espiritual que le habían humillado durante todo este tiempo, volvió en sí y recordó cuánto le habían amado y respetado en su hogar, al punto de desear volver a vivir allí aunque sea como un jornalero pues estos recibían en la tierra de su padre buen trato y abundante pan.

Así es que con la cabeza abajo decidió volver a casa con la idea e intención de ser recibido como un sirviente, esto sería menos indigno que seguir viviendo como lo estaba haciendo.

Al encuentro con el padre, el avergonzado hijo se lanzó en sus brazos y le dijo:

- *Padre, he pecado contra el cielo y contra ti, ya no soy digno de ser llamado tu hijo.*

El padre conmovido en el mayor de sus afectos, sin dudar se dirigió a sus siervos y les ordenó traer el principal vestido para su hijo, colocar un anillo en su mano y zapatos en sus pies. Luego pidió mataran al becerro más grueso para que todos comieran pues era un día de celebración:

- *Este mi hijo muerto era, y ha revivido; habíase perdido y es hallado.*

Entre tanto, el hijo mayor quien se encontraba en el campo, al escuchar la música y el bullicio de la celebración preguntó a uno de los sirvientes qué era lo que estaba ocurriendo.

Al conocer la situación, tal fue el enojo que sintió que se negó siquiera a entrar a saludar a su hermano. Entre tanto, el sabio padre le buscó y le rogó que entrara, a lo cual altivamente el hijo le increpó:

- *¡Hace tanto que te sirvo, sin haber desobedecido jamás ni una sola de tus órdenes y nunca me diste un cabrito para hacer una fiesta con mis amigos. Y ahora que ese hijo tuyo ha vuelto, después de haber gastado tus bienes con mujeres, haces matar para él el ternero engordado!*

El afligido padre tan solo respondió a su furioso crío:

- *Hijo mío, tú estás siempre conmigo y todo lo mío es tuyo. Es justo que haya fiesta y alegría porque tu hermano estaba muerto y ha vuelto a la vida, estaba perdido y ha sido encontrado.*

La parábola del hijo pródigo es un pasaje bíblico (Lucas 15: 1-11) que representa al hombre y sus malas decisiones, la inmensidad del amor de los padres por sus hijos y al hombre que permite que los sentimientos contrarios a la palabra de Dios le gobiernen.

- Al hombre y sus malas decisiones: el hijo menor, el que abandona y se entrega al desenfreno y al derroche cambiando el amor y bienestar que le era dado en casa por un destello que le enceguecería y le enfrentaría a la ruina, la destrucción, el dolor y la miseria.

  Solo cuando en la mente del hijo pródigo florece la cordura y recapacita sobre su mal proceder llega el reconocimiento del valor enorme de todo cuanto tenía cuando estaba con su padre y con ello el arrepentimiento que le permite experimentar la misericordia de su padre quien finalmente lleno de amor le recibe dignamente.

- La inmensidad del amor de los padres por sus hijos: el padre. Así como el padre de la parábola recibió a su hijo, así Dios nos ve a nosotros, se conmueve y corre tras nuestro encuentro. Sin importar si hemos pecado todo aquel que le invoque con arrepentimiento y sinceridad obtendrá su salvación, pero a diferencia del padre de esta historia, Dios no espera que el hijo pródigo regrese, siempre está allí para acogernos, perdonarnos y guiarnos en el camino.

- Al hombre que permite que los sentimientos contrarios a la palabra de Dios le gobiernen: representado en el hermano mayor, el envidioso, el que solo piensa en su bienestar y que es incapaz de reconocer el amor de Dios en su vida por ello, vive subsumido en la amargura y el resentimiento.

Entonces ahora: ¿Qué darías para que tu hijo fuera feliz y tuviera todo lo que quisiera?

A su imagen y semejanza fuimos creados, por ende, tal es el amor de Dios por nosotros como lo es el amor que sentimos hacia nuestros hijos.

Si por un hijo todo se da y todo se hace, ¿Te imaginas lo que el Padre de toda la humanidad puede darnos para tener abundancia y ser felices?

Nada más y nada menos nos ha dado en su infinito amor, el verdadero mapa para hallar la abundancia y la felicidad.

La Biblia no solo establece que Dios nos quiere prósperos y felices sino que además nos muestra cómo cambiar nuestra mentalidad al respecto y cómo prepararnos para recibir la riqueza, conservarla y multiplicarla. Incluso, nos muestra en detalle como ocurre en el caso de José un plan de cómo la podremos utilizar hacia estas finalidades.

Los 12 principios del Reino de Dios para la vida en abundancia, prosperidad, riqueza y felicidad

El legado que Dios nos ha dejado se resume en 12 principios que constituyen las llaves que nos conducirán hacia el logro del propósito del creador para con nosotros:

1. La Fe inquebrantable:

"Respondiendo Jesús les dijo: - De cierto os digo que si tenéis fe y no dudáis, no sólo haréis esto de la higuera, sino que si a este monte le decís: Quítate y arrójate al mar!, será hecho". Mateo 21:21

Solo a través de la fe los mortales hombres de La Biblia consiguieron realizar increíbles hazañas. Jesús nos dejó el mensaje: para todo aquel que tiene fe nada es imposible.

La fe es la certeza de creer inquebrantablemente en Dios, por difícil que parezcan las circunstancias que atravesamos; fe en lo bueno y en lo malo, en la alegría y en la calamidad, en la salud y en la enfermedad, en la riqueza y en la pobreza, siempre debemos confiar en que su plan para nosotros es perfecto.

2. La Generosidad: dar a Dios y dar a nuestros semejantes

"Honra a Jehová con tus bienes y con las primicias de todos tus frutos; entonces tus graneros estarán colmados con abundancia y tus lagares rebosarán de mosto". Proverbios 3: 9-10.

Dios no necesita recibir pero el hombre necesita dar. Dar con amor, dar con fe, de ese modo su Dios será adorado, sus bienes serán consagrados y benditos y con ello la palabra del creador será difundida mediante la prédica en ejercicio de la fe.

Según la ley de Dios todo aquello que damos a nuestros semejantes nos será devuelto en mayor medida:

"Dad limosna de lo que tenéis, y entonces todo os será limpio". Lucas 11:41

A esto se le denomina la Ley de la Siembra y no es más que tanto amor cosecharemos como amor sembremos. Esto va para nuestros semejantes y de igual modo para el hombre de Dios.

Dar en la iglesia no lucra al pastor o al guía espiritual. A los ojos de Dios es justo que su enviado obtenga ganancias por su labor ministerial.

"¿No sabéis que los que trabajan en las cosas sagradas, comen del templo, y que los que los que sirven al altar, del altar participan?. Así también ordenó el señor a los que anuncian el evangelio, que vivan del evangelio" 1 Corintios 9: 13-14.

3. La Honradez: un principio de hogar

"Pagad a todos lo que debéis: al que tributo, tributo; al que impuesto, impuesto; al que respeto, respeto; al que honra, honra". Romanos 13:7.

A ser honrado se aprende en casa.

La Biblia no solo contiene información para ser exitoso en lo financiero, también nos muestra el lado opuesto en una cantidad de anécdotas en las cuales se dejan en evidencia aquellos errores de tipo económico que fueron cometidos por personajes que se dejaron gobernar por la avaricia, como el caso de Lot quien pensando en su solo provecho escogió para sí la mejor tierra y resultó que tal decisión no fue tan acertada como lo creyó en un principio.

Pagar deudas, pensar en los demás y hacer por ellos, dar a cada quien lo suyo es en síntesis la base del proceder honrado que Dios nos ordena seguir, en todos los planos de la vida, pues la honra al igual que la riqueza son conceptos que involucran mucho más que un valor monetario.

4. La Alianza o el Pacto con Dios

"Ahora pues, si dais oído a mi voz y guardáis mi pacto, vosotros seréis mi especial tesoro sobre todos los pueblos, porque mía es toda la tierra" Éxodo 19:5

Dios nos promete la salvación y la vida eterna a cambio de que escuchemos, guardemos y demos cumplimiento a sus leyes, sus mandamientos y sigamos su camino, inclinando nuestro corazón solo a él.

Ese es nuestro pacto con el Altísimo, sin dudas la mayor y mejor responsabilidad que nos haya sido delegada.

5. La Oración:

"Pídeme y te daré las naciones y los confines de la tierra" Salmo 2:8

Hay que saber orar pues Dios no responde a oraciones mal formuladas.

Las oraciones de gobierno o apostólicas son aquellas que se basan en establecer el Reino de Dios en la tierra, es decir, que enuncian verdades celestiales en situaciones terrenales empleando siempre la autoridad que tenemos en el nombre de Jesús.

Esta oración precede al éxito y siempre debe acompañarse del respectivo agradecimiento, la declaratoria de lo positivo y la anulación de lo negativo a través del decreto.

La oración del Padre Nuestro es el mejor ejemplo que puede citarse en este sentido.

6. El Ahorro:

"Tesoro preciado y aceite hay en la casa del sabio, pero el hombre insensato todo lo disipa" Proverbios 21:20

Si manejamos eficientemente pocas sumas de dinero estaremos superando una prueba que Dios nos ha colocado y nuestra gratificación será el tener aún más.

Si en pequeñas tareas somos fieles mayores y mejores nos serán delegadas.

Cuando José en Egipto se enteró a través de las revelaciones de que luego de 7 años de abundancia y prosperidad vendrían 7 años de hambruna, se dio a la tarea de ahorrar la mayor cantidad de grano que pudo durante la buena época, al punto que cuando llegó la calamidad pudo alimentar a naciones enteras.

7. *Emprender y trabajar*

"El reino de los cielos es como un hombre que, yéndose lejos, llamó a sus siervos y les entregó sus bienes. A uno dio cinco talentos, a otro dos y a otro uno, a cada uno conforme a su capacidad; y luego se fue lejos. El que recibió cinco talentos fue y negoció con ellos y ganó otros cinco talentos. Así mismo, el que recibió dos, ganó también otros dos. Pero el que recibió uno hizo un hoyo en la tierra y escondió el dinero de su señor. Después de mucho tiempo regresó el señor de aquellos siervos y arregló cuentas con ellos. Se acercó el que había recibido cinco talentos y trajo otros cinco talentos diciendo: "Señor, cinco talentos me entregaste; aquí tienes, he ganado otros cinco talentos sobre ellos". Su señor le dijo: "Bien, buen siervo y fiel; sobre poco has sido fiel, sobre mucho te pondré. Entra en el gozo de tu señor". Se acercó también el que había recibido dos talentos y dijo: "Señor, dos talentos me entregaste; aquí tienes, he ganado otros dos talentos sobre ellos". Su señor le dijo: "Bien, buen siervo y fiel; sobre poco has sido fiel, sobre mucho te pondré. Entra en el gozo de tu señor". Pero acercándose también el que había recibido un talento dijo: "Señor, te conocía que eras hombre duro, que siegas donde no sembraste y recoges donde no esparciste; por lo cual tuve miedo, y fui y escondí tu talento en la tierra, aquí tienes lo que es tuyo". Respondiendo su señor, le dijo "Siervo malo y negligente, sabías que siego donde no sembré y que recojo donde no esparcí. Por tanto debías haber dado mi dinero a los banqueros y, al venir yo, hubiera recibido lo que es mío con los intereses. Quitadle, pues, el talento y dadlo al que tiene diez talentos, porque al que tiene, le será dado y tendrá más; y al que no tiene, aún lo que tiene le será quitado" Mateo 24: 14-30

Dios espera que todos nos ocupemos de nuestros negocios, que explotemos nuestro potencial.

La Biblia narra muchas historias sobre empresarios, podría decirse que es un libro para negociantes. Jesús tenía un negocio de carpintería, Abraham, Pablo, Pedro y varios discípulos tenían su propio negocio, realmente, muy pocos hombres en la Biblia eran lazarillos o empleados y quienes lo fueron, llegaron a convertirse en prominentes hombres de las finanzas, tal es el caso de José en Egipto quien era llamado por sus hermanos en tono jocoso "El soñador".

Dios desea que sus hijos prosperen y que lo hagan a fuerza de trabajo, honradez y dedicación, a quien transite por esta senda le bendecirá con abundancia y riqueza, por otro lado promete pobreza, miseria y hambre para quien no sea diligente y para el flojo.

A todos nos confirió dones y talentos con la finalidad de que de su mano gestemos nuestras oportunidades, aquel que no reconoce esto, aún viviendo en pobreza todo le será quitado.

8. La Gratitud:

"Dad gracias en todo, porque esta es la voluntad de Dios para con vosotros en Cristo Jesús". 1 Tesalonicenses 5: 18.

El solo hecho de estar vivo, aunque muchos no lo crean, es el mayor motivo para agradecer. Más allá de los tiempos difíciles, cada mañana tenemos la fortuna de contemplar un enorme y azul cielo, de respirar, de sentir y eso solo es por obra de Dios.

Agradecer al Creador es reconocer su gloria y su poderosa mano siempre posada sobre nuestra dicha y fortuna.

Sobre la dificultad también hay que agradecer y esto es importante. El fracaso, el error y la calamidad tienen una especial función que no es más que la de brindarnos aprendizaje.

Cuando tomamos el control de nuestra vida, aceptamos nuestra responsabilidad, reflexionamos, nos arrepentimos y nos encomendamos a Dios agradeciéndole cada oportunidad de aprender, estamos acercándonos a su gloriosa voluntad.

9. La Declaración:

"Jesús les dijo: - Por vuestra poca fe. De cierto os digo que si tenéis fe como un grano de mostaza, diréis a este monte: "Pásate de aquí a allá", y se pasará; y nada os será imposible". Mateo 17:20

A través de la palabra Dios ejerce su fuerza creadora.

La fe necesita hablar, esa fe que tenemos cuando proclamamos a Dios nuestro salvador y único señor, es la misma fe que debemos imponer a aquello que declaramos será nuestro destino.

A imagen y semejanza del creador fuimos hechos, así como él se somete a su palabra, en la misma medida nosotros nos sometemos a las nuestras, es por ello que siempre debemos hablar de lo positivo, de lo bueno y de lo engrandecedor.

Frecuentemente utilizamos nuestras palabras para maldecir, incluso a quienes más queremos y esto puede constituirse como arma en nuestra contra pues así lo estamos declarando.

Si te refieres a ti mismo y a los demás como ganadores, Dios tomará tus palabras como suyas y así será.

Por árido que sea el desierto en el cual nos encontremos, por pocas que puedan parecer las posibilidades, el poder de nuestra palabra de la mano de Dios indefectiblemente nos sacará de allí.

10. Asociarse con afines:

"No os unáis en yugo desigual con los incrédulos, porque ¿qué compañerismo tiene la justicia con la injusticia? ¿y qué comunión la luz con las tinieblas? 2 Corintios 6:14

Cuando nos asociamos con personas exitosas nos hacemos exitosos.

A través de la sociedad Dios trae orden al universo. Por ley natural y divina Dios ha dispuesto que aquellos que piensen de manera similar terminen uniéndose, de tal forma que no es casualidad que los ricos se junten con los ricos y los pobres con los pobres.

11. La Visualización:

"Porque cual es su pensamiento en su corazón, tal es él". Proverbios 23:7

Hacia donde se dirija nuestro pensamiento, hacia eso nos convertiremos y de igual modo sucederá con nuestro entorno.

La creación mental debe ocurrir primeramente en el plano espiritual para que posteriormente se manifieste en el terreno de lo físico.

De tal modo fueron hechos el hombre y la mujer. De acuerdo a lo dispuesto en la Biblia, Dios en el Génesis los crea y los bendice, es luego, en el segundo capítulo cuando es materializado tomando polvo del suelo para así dar vida y forma a Adán y posteriormente a Eva.

Si no lo pensamos no lo haremos y esto es palabra de Dios.

12. La Obediencia:

"Mira, yo he puesto delante de ti la vida y el bien, la muerte y el mal, porque yo te mando hoy que ames a Jehová, tu Dios, que andes en sus caminos y guardes sus mandamientos, sus estatutos y sus decretos, para que vivas y seas multiplicado, y Jehová, tu Dios te bendiga en la tierra a la cual vas a entrar para tomarla en posesión". Deuteronomio 30:15

La razón por la cual abundan los fracasados es porque estos han ignorado la palabra de Dios.

Jehová nos instruye, nos guía, nos ilumina el camino y a cambio debemos como buenos hijos obediencia a su grandeza.

Ahora bien, nuestro Padre nos ha dado la herramienta, queda de nuestra parte responder a ese amor como dignos hijos, amar, entregar y seguir su camino es todo lo que espera de nosotros.

La Verdad Mas Grande

La Biblia de manera reiterada y contundente nos expresa un único mensaje. Parece increíble que en medio de tantas leyes y enseñanzas doctrinarias se puede extraer

Dios por la obra de su creación, esto es, por nosotros, solamente en un solo pensamiento, la verdad más grande de la que ninguno puede huir y no es más que el llamado a los hombres para que vuelvan a la comunión con Dios.

"De tal manera amó Jehová al mundo, que ha dado a su hijo unigénito, para que todo aquel que ejerce fe en él no sea destruido, sino que tenga vida eterna. Porque Jehová no envió a su hijo el mundo para que juzgara al mundo, sino para que el mundo se salve por medio de él". Juan 3: 16-21.

El evangelio en miniatura como es llamado este pequeño pero gran versículo del texto bíblico, alude al amor sin límite, al amor que no conoce fronteras, al amor mas grande, el de por ello, es nuestro primer deber adorarle con el alma y con el corazón.

Tenemos la facultad de amar y sentir porque Dios nos ha amado primero, gracias a su amor es posible el nuestro.

Ninguna persona escapa del amor de Dios, ni siquiera aquellas que han caído en el más bajo de los pecados ni en la incredulidad. A todos por igual nos son impartidas a diario enseñanzas y lecciones, así mismo nos han sido abiertas las puertas de la salvación.

Amar no es solo hablar, amar también es hacer.

Dios nos alecciona al respecto y como prueba de ello entregó a su único hijo, Jesús, lo más valioso que tiene un padre - y de allí la asociación del afecto mayor en el que siente un padre por su hijo - por nosotros, los pecadores pues sabía que ninguna otra vida valdría, a cambio de redimir a la perdida humanidad de la muerte y condena eterna.

Esto es amor genuino, aquel orientado hacia el bien de otros y sin mirar el propio, sin escatimar costo, valor o dolor por aquello que se está entregando. Aún cuando perder lo más valioso se tratara de salvar al hijo desobediente, al enemigo, al que daña, al que destruye, a pesar de que a los ojos de cualquiera se trataba de un sacrificio inmerecido, pero Dios no es cualquiera, solo él es capaz de darlo todo por nosotros, y así efectivamente lo hizo.

"Y andad en amor, como también Cristo nos amó y se entregó a sí mismo por nosotros, ofrenda y sacrificio a Dios en olor fragante". Efesios 5:2

¿Y cuál es el propósito de Dios ante tamaño sacrificio?

La reflexión, la aceptación de su grandeza, la recuperación de la fe, el arrepentimiento y la absoluta convicción de creer en él como la condición expresa para la salvación y vida eterna.

En la demostración más grande de amor, Dios nos transmite una orden inequívoca, nos condiciona a tener fe en él, solo esto, es lo único que él no puede hacer por nosotros, pues es tan generoso que no se impone a ninguna voluntad y a pesar de sus gran sacrificio permite que nuestro libre albedrío nos lleve a decidir el camino.

Dios envió a su hijo al mundo para que la humanidad a través de su fe se salvara a pesar de vivir en el pecado, la muerte de Jesús representa la oportunidad para el arrepentimiento y para recuperar el camino, pues es su voluntad la de conducirnos hacia la vida eterna.

Muchos escépticos podrían argumentar ¿y qué tiene que ver conmigo algo que ocurrió hace más de 2000 años? Tiene que ver, ¡y mucho!

Principalmente en el entendimiento de la dimensión del gran amor de Dios hacia nosotros. ¿Qué padre entregaría a su hijo a la muerte a cambio de salvar a quienes han obrado en su contra y en contra de los demás?

Dios dispuso que Jesús muriera en una cruz y fuera víctima de abusos humillaciones y vejaciones a cambio de salvar a todos los pecadores. Es un hecho sin precedentes, una obra ajena a cualquier mortal, una lección de amor que únicamente nos debe conducir a apreciar la grandeza y la misericordia del Creador.

Hoy por hoy el propósito de Dios para con nosotros mantiene su vigencia y así seguirá siendo. Al hombre le ha sido otorgada la oportunidad de enmendar, de corregir y de convertirse hacia el Creador como un ser bueno, justo, fiel, honrado, exitoso y próspero.

Es tiempo de asumir el compromiso y aceptar la gloria de Jehová en nosotros.

Somos copartícipes de la obra de Dios

"porque nosotros somos colaboradores de Dios, y vosotros sois labranza de Dios, edificio de Dios" 1 Corintios 3:9

La gran verdad que la Biblia nos enseña es que somos copartícipes de la obra de Dios, esto es, que somos parte de los planes del Creador para ejecutar su obra.

Dios crea y dirige su obra y pone a nuestra cuesta la responsabilidad de vivir conforme a sus preceptos, sus mandamientos y sus instrucciones en actitud participativa y nunca de manera pasiva.

A pesar de que en algunas oportunidades nos pueda resultar complicado descifrar el mensaje, la co-responsabilidad que poseemos en la realización de los planes de Dios data de los mismos tiempos de la creación y es un aspecto que no requiere mayor interpretación, es una realidad tangible y un compromiso a asumir en el antes, en el aquí y en el ahora.

Cuando Jehová fundó la obra de la creación, llamó a Adán y le dio el privilegio de designar los nombres para los animales que había creado. Dios quiso que Adán tomase parte en su obra. Así entonces, Jehová y el hombre se asociaron en la obra de la creación, y quería Jehová que esa feliz unión nunca tuviera fin.

Sin embargo, hubo una tragedia en el jardín del edén, donde el hombre tenía su cuartel general de atención para trabajar codo a codo con el creador. El hombre pecó, desobedeció y por eso fue expulsado del paraíso. El hombre oyó la voz diablo (la bella serpiente) y ahora no tenía más condiciones que encarar a su creador.

Se escondió, mintió y acabó deshaciendo la sociedad que Jehová le había propuesto, en su ser había la mancha del pecado y como Jehová no puede asociarse al error, tuvo que destituir a Adán de todas sus regalías y privilegios.

"y lo sacó Jehová del huerto de Edén, para que labrara la tierra de la que fue tomado"
Génesis 3:23

Esto es como si nosotros rompiéramos las cláusulas de un contrato.

De acuerdo a la teoría general del Derecho, los contratos son instrumentos que regulan las atribuciones y derechos de dos o más partes respecto de una obligación pactada a través de estos y conforme a una legislación.

Cuando se firma un contrato, las partes intervinientes se comprometen a hacer algo, en caso de que alguna de ellas no cumpla, el acuerdo es vulnerado, en consecuencia, el contrato fenece, muere o se rescinde y ello conlleva una serie de consecuencias que pueden ir desde indemnizaciones monetarias, hasta otro tipo de penalizaciones de mayor trascendencia.

Y cuál es el propósito de Dios ante tamaño sacrificio?

Capítulo TresAsí entonces, si dos personas acuerdan la venta de un objeto, por ejemplo, pactando pagos parciales y determinados, con fechas ciertas y precisas y ocurre que el comprador no efectúa los pagos o no los hace en tiempo previsto, la legislación, faculta al vendedor a rescindir el contrato y por ende, no habría adquisición de derechos respecto del objeto pues las condiciones no fueron cumplidas conforme a lo acordado, además que habría lugar a las penalizaciones o sanciones correspondientes.

De este modo actúa Dios con Adán. Delegó en él la responsabilidad de coadyuvar con tareas específicas en la obra de la creación, al ocurrir la vulneración o incumplimiento de las obligaciones que les fueron asignadas, el pacto con el creador quedó disuelto y esto trajo como consecuencia su destitución y la pérdida de los privilegios que le habían sido conferidos.

En la misma línea de coparticipación y a pesar de la transgresión de Adán, Dios continúa confiando en sus hijos para la consumación de sus planes. Así, José y María fueron designados para traer el Mesías al mundo, Abraham fue llamado para conformar el pueblo de Dios, Moisés tuvo por tarea liberar al pueblo de la opresión de Egipto, Josué fue encargado de llevar al pueblo de Israel al otro lado del Jordán y paremos de contar.

Hoy por hoy, nuestra misión es y seguirá siendo la de coadyuvar a redimir al mundo involucrándonos activamente en la tarea de la construcción del Reino de Dios, un mundo plagado de hombres, mujeres y niños con dones y talentos para aportar grano a grano por la consumación del éxito de cada individualidad y cada colectivo, sumando voluntades en obras de bien, de justicia, de cooperación por un mundo mejor, así en el cielo, como en la tierra misma.

A Dios solo no le corresponde la tarea, queda de nuestras manos en su nombre y con sus enseñanzas e instrucciones la construcción de una sociedad cuya base sean los principios y valores cristianos.

Hoy Jehová te bendice

A partir de entonces, Jehová en su infinita bondad y misericordia, inició su misión para atraer al hombre a su estado primitivo, a su estado natural, que es el de la gracia, la virtud, la felicidad y LA ABUNDANCIA.

Desde la salida de Adán de la presencia de Dios, este, con todo su amor, misericordia y compasión, viene intentando traer al hombre de vuelta a la total participación de sus planes, pues Jehová nunca declaró el alejamiento del hombre como copartícipe de su obra; muy por el contrario hace todo para que él vuelva.

La filosofía de la Biblia es siempre la misma y vemos en el correr de la historia de la humanidad el esfuerzo de Jehová en hacer que el hombre abarque lo máximo posible, que se abundante así como él, Jehová lo es.

Jehová bendice a su amigo Abraham

En el tiempo de Abraham, la promesa fue: *"vete de tu tierra, de tu parentela y de la casa de tu Padre, a la tierra que te mostraré. Haré de ti una nación grande, te bendeciré, engrandeceré de tu nombre"* (Génesis 12:1-2).

Dios no olvidó su promesa de caminar junto a los hombres con el fin de salvarlos y eligió a un hombre justo y bueno, Abram, para que conjuntamente con su descendencia formaran un pueblo.

Para aquel tiempo, Abram ya era un anciano, contaba con 99 años y no había procreado hijos con su esposa Sara quien también era de edad avanzada (90 años), sin embargo, Dios pactó con él:

"Entonces lo llevó fuera y le dijo: - Mira ahora los cielos y cuenta las estrellas, si es que las puedes contar. Y añadió: Así será tu descendencia." Génesis 15:5

"Este será mi pacto contigo: serás padre de muchedumbre de gentes. No te llamarás más Abram, sino que tu nombre será Abraham, porque te he puesto por padre de muchedumbre de gentes. Te multiplicaré en gran manera y de ti saldrán naciones y reyes. Estableceré un pacto contigo y con tu descendencia después de ti, de generación en generación: un pacto perpetuo para ser tu Dios y el de tu descendencia después de ti. Te daré a ti y a tu descendencia después de ti la tierra en que habitas, toda la tierra de Canaán, en heredad perpetua y seré el Dios de ellos". Génesis 17: 4-8

Abraham fue probado en su fe, abandonó sus arraigos tal y como le fue ordenado, creyendo fielmente en Dios y en sus mandatos. Pasado cierto tiempo la promesa fue cumplida. Sara, esposa de Abraham trajo al mundo a su hijo Isaac y tal como rezaba su pacto, fue padre de muchedumbre de gentes y Abraham fue hijo fiel, creyente y obediente hasta su último aliento.

Jehová bendice a su amigo Moisés

"Nunca más se levantó un profeta en Israel como Moisés, a quien Jehová conoció cara a cara" Deuteronomio 34:10.

Moisés desde su nacimiento fue bendecido por Dios y su vida fue preservada para un especial propósito, liberar a Israel de la esclavitud y la opresión de Egipto.

Fue un hombre muy importante para la historia - su grandeza ha sido equiparada a su semejanza con Jesús- lo fue, porque tenía vocación para la misión, y así Dios en el buen sentido, lo usó para tales fines.

Moisés a todas luces fue el precursor de Jesús. Fue el elegido de Dios para encaminar y redimir a un pueblo esclavo, Israel en Egipto y por analogía a la humanidad en el pecado.

Despojado de su autoridad humana como príncipe egipcio, para transitar la senda de la humillación exiliándose durante muchos años en la tierra de Midián, en un drástico descenso para ejercer el "abominable" empleo de pastor de ovejas, aprendió a despojarse de la altivez que le caracterizó en su juventud y cuando contaba 80 años de edad, era un hombre distinto, sabio, paciente, fiel a Dios y se encontraba listo para llevar a su pueblo al milagro de la liberación.

"Jehová les dijo: "Oíd ahora mis palabras. Cuando haya entre vosotros un profeta de Jehová, me apareceré a él en visión, en sueños le hablaré. No así con mi siervo Moisés que es fiel en toda mi casa. Cara a cara hablaré con él, claramente y no con enigmas, y verá la apariencia de Jehová". Números 12: 6-8

Dios se manifestó ante Moisés y le pidió que se descalzara y pisara la zarza ardiente pues esta era tierra santa y a su orden obedeció el fiel siervo. Así mismo le dio a conocer sus propósitos:

"Ven, por tanto, ahora, y te enviaré al faraón para que saques de Egipto a mi pueblo, a los hijos de Israel". Éxodo 3:10

Moisés dudó, como buen humano no se creía capaz y empleó todo tipo de argumentos para evadir la tarea. Dios por su parte entendió la preocupación y el temor de su siervo y le mostró que su mano ejecutaría la obra que ya él había iniciado, así entonces, se ubicó en la voluntad del Creador y de pastorear ovejas se dispuso a pastorear personas.

Partir el mar rojo, recibir los 10 mandamientos, guiar a su pueblo por el desierto hacia la "Tierra Prometida" son parte de las importantes misiones que Dios encomendó a este hombre. Esto no es más que una fortísima evidencia de que Dios emplea al hombre para llevar a cabo sus propósitos y que este en obediencia obtiene toda la bendición que su sagrado poder le confiere.

Jehová bendice a su amigo David

"Él edificará una casa para mi nombre, y yo afirmaré para siempre el trono de su reino. Yo seré padre para él, y él será hijo para mí... Tu casa y tu reino permanecerán siempre delante de tu rostro, y tu trono será estable eternamente", 2 Samuel 7: 13-16

David, joven valiente, fiel, temeroso de Dios y con corazón de Rey es otro de los bendecidos por Jehová. Humano, también cayó en pecado y con dolor y arrepentimiento lo asumió ante Dios.

Luego que David se consagra como Rey de Israel tuvo por deseo construir un lugar de morada para Dios, a pesar de estar imposibilitado para ello debido a que era un guerrero y había derramado sangre, así lo hizo por intermedio de su hijo Salomón.

Justamente el pacto de Dios con David se refirió a que una vez él muriera, su descendiente ocuparía el trono y lideraría el reino.

Vaya si Dios tenía un buen plan para David y sus sucesores, nada más que la consumación de un pacto para la eternidad que iniciaría con Salomón y se cerraría con Jesús.

Dios promete a David y promete a la humanidad en alusión directa a Jesucristo pues este descendería, mil años más tarde su mismo tronco familiar.

Jehová bendice a su amigo Salomón

"Mira, pues, ahora, que Jehová te ha elegido para que edifiques Casa para el santuario, ¡esfuérzate y hazla!" 1 Crónicas 1:10

Dios prometió a David que de su descendencia nunca faltara rey en la casa de Jacob, bajo la condición de que sus hijos guardaran el camino y se condujeran con la verdad.

Salomón fue elegido por Dios a sus escasos 20 años para construir el Templo en Jerusalén. Lo colmó de sabiduría, prudencia, riquezas y anchura de corazón y él amó a Dios, solo que fue tentado y sucumbió al amor que le estaba prohibido.

El pacto de Dios con David se encontraba condicionado y Salomón, lo vulneró pecando contra Dios al servir y adorar a otros Dioses.

Aún cuando el reino de Salomón fue dividido por una guerra civil al hacerse este Rey, una parte de este continuó siendo leal a la dinastía de David, ello demuestra que Dios coherentemente castigó a Salomón, sin embargo, su promesa de amor firme nunca fue retirada.

A la descendencia terrenal de David les fue quitado el reino, y Jesús nacido de la misma simiente, levantó el trono de su padre David para reinar para siempre.

"Este será grande y será llamado hijo del altísimo. El señor Dios le dará el trono de David, su padre; reinará sobre la casa de Jacob para siempre y su reino no tendrá fin". Lucas 1:32-33

Hoy Jehová te dice a ti amigo lector: "sal de tu duda, sal de tu pobreza, acércate mí, entrégame tus caminos y te mostraré el reino que vas a habitar, te bendeciré, engrandeceré tu nombre y te haré abundante".

El Propósito de Dios para ti: en la Tierra como en el Cielo

Dios creó el mundo y todo lo que se contiene en él.

Es nuestro padre Creador, esa condición nos hace sus hijos y herederos de todas las cosas que existen en la faz de la tierra. Esto no es arrogancia ni utopía, es la posición que Jehová quiere que ocupemos, hijo de Dios, dueño y señor en la tierra.

En un principio Dios creó los cielos, la luz y la tierra fértil, para que esta produzca hierba y frutos que den semillas y se multipliquen y reproduzcan para llenar la tierra de verde de abundancia y alimento.

De Igual forma creó los animales, los peces y las aves, así como, los mares y lagos para que prosperaran y se multiplicaran, al final cuando la tierra estaba lista, creó al hombre y a la mujer como sus hijos para que reinaran en la tierra y sobre todo lo que en ella hay.

Fuimos bendecidos por Dios con abundancia incluso antes de nuestra creación.

Dios ideó y ejecutó un escenario ideal en la tierra en la cual habrían de vivir sus hijos sin dificultades ni carencias, configuró un lugar perfecto y luego los puso allí para vivieran en plenitud.

Jesús dijo: "yo he venido para que tengan vida, y para que la tengan en abundancia" Juan 10:10

Semillas

La obra de Dios es perfecta. Esta tierra fue colmada con maravillosas aves que vuelan en los cielos, ellas no cultivan, pero Dios les puso semillas, agua y alimento para que disfrutarán el mundo.

A nosotros Dios nos dio semillas para cultivar la tierra y hacer multiplicar la riqueza con nuestras manos y que también disfrutemos de su creación porque somos sus hijos.

El primer hombre sobre la tierra fue Adán, fue colocado en ella para vivir en un edén de abundancia, también Dios creó a Eva, para crear una familia que prosperase en esa tierra bendita y que de sus semillas nacieran hijos que poblarán la tierra, para en armonía con Dios vivir en el paraíso.

Jehová creó las flores y las maravillas de la naturaleza para embellecer los valles y las montañas, procuró que las plantas las regase la lluvia con el vapor que produce el sol para llenar todo de vida, también creó los minerales y piedras preciosas para llenar de belleza el mundo, ese lugar donde están todas las creaciones de Dios juntas lo llamó EL PARAÍSO y lo creó para ti, para que vivas y disfrutes de la tierra prometida en abundancia y bendición del señor.

Jehová tiene un propósito maravilloso para su tierra prometida, verla llena de sus hijos felices viviendo en abundancia, plenos de salud y armonía:
"Porque así dijo Jehová, que creó los cielos; él es Dios, el que formó la tierra, el que la hizo y la compuso; no la creó en vano, para que fuese habitada la creó: Yo soy Jehová, y no hay otro" Isaías 45:18

Toma tu papel como heredero de Dios

Hoy es el día en que decides ocupar tu puesto de hijo de Dios en la Tierra.

Deja atrás las miserias, dolencias y todos los males. Abre tu corazón a Dios y llena tu vida de prosperidad y crecimiento, asume tu papel como principal acreedor de su legado.

La obra de Dios está en todo lo maravilloso que hay en esta tierra, pero su gracia absoluta radica en el bienestar de sus hijos. Para los ojos de Jehová son bendiciones:

- Que sus hijos prosperen y se prolonguen eternamente en armonía y abundancia en la tierra, transmitiendo su gloria.

- Que sus hijos sean como él, poderosos, creadores, trabajadores, misericordiosos, solidarios y capaces de cosas extraordinarias.

- Que el hombre use la inteligencia y la creatividad que nos legó el Creador para forjar un mejor futuro.

- Los avances médicos para vencer las enfermedades y aliviar a los más necesitados, Dios quiere a sus hijos saludables para que puedan ser felices.

- Más y mejor educación para nuestros hijos.

- Cosechas abundantes y avances en la productividad de la agricultura para producir alimentos en cantidad para sus hijos.

- Crecimiento económico, para vencer la pobreza, la criminalidad y el desempleo, así como mejores sistemas de atención social.

- Cada día más familias felices viviendo en armonía y con abundancia.

El pecado es lo que nos ha alejado del camino y del propósito de Dios. Jesucristo vino para con su sacrificio ponernos de nuevo al lado de Dios, para recordarnos la finalidad para la cual el Creador nos puso en esta tierra, para que seamos luz y dejemos atrás las tinieblas.

Nuestro encuentro con Jesucristo consiste en llevarnos por el camino de Dios, desarrollando nuestro máximo potencial creador, de trabajo, de bondad y justicia, para la prosperidad propia y la de nuestros semejantes.

A Dios le interesa que tengas riqueza material y espiritual, para que alcances la plenitud y que de igual manera tus semejantes también posean grandeza, riqueza, prosperidad y abundancia.

Esa riqueza no debe servir para envilecer los corazones ni para oprimir y aprovecharse del necesitado, por el contrario, debe ser para engrandecerse en cuerpo y espíritu.

"Como has pedido sabiduría, y no larga vida ni riquezas para ti, ni has pedido la muerte de tus enemigos sino discernimiento para administrar justicia, voy a concederte lo que has pedido. Te daré un corazón sabio y prudente, como nadie antes de ti lo ha tenido ni lo tendrá después. Además, aunque no me lo has pedido, te daré tantas riquezas y esplendor que en toda tu vida ningún rey podrá compararse contigo". Reyes 3: 11-13.

Cómo llevar tu vida al progreso económico de la mano de Dios

Como buen hijo de Dios es tu deber alcanzar el brillo y grandeza que esa condición te impone, para ello debes hacer una comunión entre Dios, tus pensamientos y tus acciones.

Eso significa que debes abrir tu corazón y abrazar los principios cristianos para ir tras el progreso que será económico y espiritual, porque de la mano de Dios, no solo obtendrás riqueza, obtendrás paz, superación y amor.

Acá te guiaremos hacia el éxito con la bendición de Dios:

- Limpia tu mente de malos pensamientos, rencores, odios y envidias, todo nuestro ser debe estar limpio de pecados para enfocarnos en agradecer la gracia divina de Dios y trabajar por nuestros propósitos.
- Debes buscar en tu interior eso a lo que quieres dedicar tu vida, ese oficio que te causa gozo realizar, esa idea que querías emprender.
- Debes dedicar tus energías a trabajar en aquello que te gusta y que sientes que eres bueno.
- Convéncete de que tu propósito o proyecto es correcto y agrada a Dios, ponlo en sus manos, él te bendecirá para que tu camino sea de éxito y prosperidad.
- Sigue siempre adelante con Fe en Dios, perseverancia y trabajo duro todos los días, sin importar las dificultades, así Dios llenará tu hogar de abundancia y riqueza espiritual.
- Sé Disciplinado en tus principios morales y espirituales, así como en tu ética de trabajo.
- Da gracias a Dios por cada bendición en tu vida y de la misma forma en que trabajas duro, descansa y disfruta con tu familia.

- Sé solidario con el necesitado pues tus buenas acciones hoy son bendiciones para tu futuro y el de tus hijos, recuerda que quien hoy está necesitado al igual que tú es hijo de Dios también.

Para que tu vida cambie debes trabajar con Fe, sin embargo, ten en cuenta que solo el trabajo o la fe no te llevan al progreso.

"Dice el perezoso: El león está fuera; Seré muerto en la calle". Proverbios 22:13.

Esto se refiere a que el perezoso se queda en las dificultades, hay que ser proactivo, el emprendedor sale a triunfar a pesar de las dificultades, se anticipa a posibles peligros para mitigar los riesgos y para no parar su negocio.

El granjero que siembra solo teniendo fe de que este año habrá suficiente lluvia para que sus plantas germinen con éxito es un perezoso y peor aún quien no siembra porque si no llueve lo suficiente perderá el trabajo y simplemente prefiere no arriesgar su esfuerzo.

Solo la fe por la fe es una posición cómoda y perezosa de personas pesimistas, y el pesimismo de por sí, es una falta de fe en Dios y en ti mismo.

"¿Hasta cuándo has de dormir perezoso? ¡Basta ya de seguir soñando! Mientras lo haces y cabeceas, y te cruzas de brazos para dormir mejor, la pobreza te alcanzará como un bandido y te atacará como un hombre armado". Proverbios 6:11.

En contraposición otro granjero siembra y procura un estanque de agua y un sistema de riego para mitigar el riesgo de la sequía y tener mayores probabilidades de sacar con éxito su cosecha, es un emprendedor proactivo.

Así te quiere Dios, que uses todos tus recursos intelectuales y la habilidad de tus manos para lograr el éxito en tus empeños. Para emprender el camino es necesario tener ACTITUD y fe en Dios de que nuestro propósito tendrá será alcanzado, esa es su voluntad.

Eres un hijo de Dios

Cuando recibimos a Cristo en el corazón, pasamos a formar parte de la familia de Dios como sus hijos. Dios es padre, nuestro padre Creador y esta relación paterno filial abarca a todos los creyentes, sin distinción de condición social, nacionalidad o sexo.

El Libro Sagrado tanto en el Antiguo como en el Nuevo Testamento tiene innumerables referencias sobre la relación padre-hijo entre Dios creador y sus hijos creyentes.

"Un Dios y Padre de todos, el cual es sobre todos y por todos y en todos" Efesios 4:6.

Jehová vive en tu corazón, él mora en todos los creyentes porque son sus hijos, por su gracia especial y su espíritu. Todos los padres por su naturaleza procuran lo mejor para sus hijos y Jehová no es la excepción, por el contrario, es el punto de partida.

Particularmente soy padre de tres hijos y confieso daría a mis hijos las mejores villas, castillos y riquezas que el dinero de los hombres pudiera comprar en los mejores lugares de este mundo, la educación más refinada, las mejores ropas, las vacaciones más divertidas; si de mí dependiera les conseguiría los mejores trabajos, escogería sus amigos y hasta cónyuges a su altura. No dudo por un momento que eso haría con mis hijos.

Si la salud de mis hijos estuviera afectada, haría todo lo posible por llevarlos con los mejores especialistas del mundo para garantizar su recuperación. Para su alimentación no dudaría en encargar aceite del mediterráneo, duraznos de California, naranjas de Florida, frutas de Chile, carnes de la Argentina, quesos de Suiza, especias de la India, simplemente lo mejor para mis hijos. Al brindarle lo mejor a mis hijos los lleno de bendiciones, es un esfuerzo que celebro, el cual me llena en el sentimiento más profundo el amor de padre.

La preferencia de terceras personas sobre nuestros hijos se materializa por cuanto son escogidos por vecinos o compañeros para relacionarse o realizar una actividad cultural, educativa o deportiva distinguida. Por supuesto tú como padre te sientes congratulado, orgulloso y recompensado porque tus esfuerzos como padre valieron la pena ¿No es cierto?

Cuando ocurre lo contrario, por ejemplo, tu hijo tiene un desempeño deficiente en sus estudios, es reprobado, cuando llega a casa desarrapado y con raspaduras en su cuerpo y rostro porque ha estado peleando con otros chicos, cuando está enfermo o deprimido ¿Cómo te sientes?

Obviamente consternado y frustrado por la situación, lleno de rabia e impotencia de no lograr ayudarlo a salir de su conflicto.

De igual forma Jehová nuestro padre, también sufre al ver las frustraciones de sus hijos: enfermedad, pobreza, delincuencia y miseria son causas del sufrimiento de Dios.

Jehová te bendice como su hijo que eres para que vivas en prosperidad y abundancia, Dios creó este mundo hermoso donde vivimos con mares, ríos, lagos, praderas, montañas siempre verdes y millones y millones de hectáreas de tierras fértiles para que a ninguno de sus hijos le faltara el alimento, por el contrario para que tuvieran más que suficiente, también hay infinidad de recursos en la tierra para que con el trabajo del hombre cada día viva mejor.

"Entonces dijo Dios: Hagamos al hombre a nuestra imagen, conforme a nuestra semejanza; y señoree en los peces del mar, en las aves de los cielos, en las bestias, en toda la tierra, y en todo animal que se arrastra sobre la tierra. Y creó Dios al hombre a su imagen, a imagen de Dios lo creó; varón y hembra los creó. Y los bendijo Dios, y les dijo: Fructificad y multiplicaos; llenad la tierra, y sojuzgadla, y señoread en los peces del mar, en las aves de los cielos, y en todas las bestias que se mueven sobre la tierra. Y dijo Dios: He aquí que os he dado toda planta que da semilla, que está sobre toda la tierra, y todo árbol en que hay fruto y que da semilla; os serán para comer. Y a toda bestia de la tierra, y a todas las aves de los cielos, y a todo lo que se arrastra sobre la tierra, en que hay vida, toda planta verde les será para comer. Y fue así. Y vió Dios todo lo que había hecho, y he aquí que era bueno en gran manera. Y fue la tarde y la mañana el día sexto". Génesis 1:26-31

También Dios nos dio en nuestra naturaleza como ser humano una capacidad única de poner a trabajar nuestras manos con trabajo duro, a la vez de usar nuestro cerebro para innovar y desarrollar proyectos, técnicas e innovaciones que hacen más sencilla y cómoda la vida de los hijos de Dios, ese es su mayor querer.

Para recibir las bendiciones y así obtener una vida más cómoda y desahogada financieramente, tenemos que combinar la Fe en Dios con el Trabajo duro, honesto y constante.

"Mira que te mando que te esfuerces y seas valiente; no temas ni desmayes, porque Jehová tu Dios estará contigo en dondequiera que vayas" (Josué 1:9)

Todas las riquezas del mundo fueron creadas por nuestro Padre Jehová pa nosotros sus hijos. El oro y la plata, el petróleo y los minerales, las piedras preciosas y los campos, los rebaños y las manadas; Él es dueño de todo y ha dispuesto que seamos los beneficiarios principales de su obra.

"Ahora, pues, si prestaras oído a mi voz y guardas mi pacto, tú serás mi especial tesoro sobre todo los pueblos, porque mía es toda la tierra". Éxodo 19:5

Los falsos profetas son quienes colocan mentiras en la palabra Jehová, cuando afirman que el dinero es malo, que el camino a Dios es la pobreza, que el dinero es el diablo, todas estas aseveraciones son absolutamente falsas.

Procura siempre observar que lo que tienes pertenece a Jehová y está en tus manos por obra de su gracia.

Mientras a tu cuenta entra más dinero, más inviertes en mejorar tu calidad de vida y si eso le sucede a muchos, esa circulación de fondos permite crear nuevos empleos, abrir nuevas empresas, significa que familias saldrán de la pobreza, muchos más accederán a mejor educación, habrán más contribuciones al sistema de salud, más construcción y un sinfín de elementos de la economía que van a dinamizar el aparato productivo.

El progreso económico es una obra hecha en la gracia de Jehová para el bienestar y la evolución de sus hijos.

"Bienaventurado el hombre que teme a Jehová y en sus mandamientos se deleita en gran manera. Su descendencia será poderosa en la tierra; la generación de los rectos será bendita. Bienes y riquezas hay en su casa, y su justicia permanece para siempre". Salmos 112: 1-3

La Prosperidad de la mano de los Principios de Dios

Hoy vemos fortunas gigantescas que nacieron casi de la nada amparadas en la fe y el proceder en los principios de Dios.

Analicemos un interesante caso:

Alrededor del año 1800 un joven emigró de Inglaterra a América porque su padre que era muy pobre no le podía dar más sustento, este joven se embarcó con destino a la ciudad de Nueva York, con la idea de fabricar jabones.

Al llegar a América se consiguió con mucha dificultad para encontrar empleo, vendía jabones en las calles caminando con una caja de madera sostenida de su cuello, un día para protegerse de la lluvia entró en una iglesia y escuchó el sermón sobre Jacob:

"E hizo Jacob voto, diciendo: si fuere dios conmigo, y me guardare en este viaje en que voy, y me diere pan para comer y vestido para vestir, y si volviere en paz a casa de mi padre, Jehová será mi Dios. Y esta piedra que he puesto por señal, será casa de Dios; y de todo lo que me dieres, el diezmo apartaré para ti." Génesis 28:20-22

Él de rodillas oró: "¡oh Dios!, si me sacas de esta pobreza en que me encuentro, te prometo que durante toda mi vida daré para ti la décima parte de todo lo que gane".

El joven tuvo mucha fe y le pidió ayuda a Dios, como un hijo pide ayuda a su padre. Al poco tiempo consiguió empleo en una fábrica de almidón, jabones y velas, comenzó haciendo los mandados, pero gracias a su actitud y disciplina fue ascendido de puesto a donde fabricaban jabones.

A los pocos años se hizo socio del negocio de jabón y pasado más tiempo fue el único propietario de la fábrica, el negocio creció exponencialmente gracias a su trabajo y a que honraba a Dios siempre con su Diezmo.

En el año 1806 William Colgate desarrolló la pasta dental y empezó a comercializar los tubos de crema dental, que para ese entonces se vendían en polvo, entre tanto, su negocio de jabón seguía creciendo.

El trabajo duro, su fe en Dios y sus sólidos principios religiosos lo llevaron a triunfar en el mundo empresarial, el comenzó diezmando el 10% de sus ganancias, pero conforme estas aumentaban, él también aumentaba el porcentaje para la obra de Dios, llegando a brindar un diezmo del 90% de sus utilidades.

Incluso llegó a ordenar a su contador abrir una cuenta en sus libros a nombre de "Jesús" para apartar el 10% de sus utilidades.

William Colgate fue el hombre más rico del mundo de su época y solo obtenía el 10% de las utilidades de su empresa, este empresario es un ejemplo de cómo los principios de Dios nos llevan a prosperar.

Al día de hoy la empresa Colgate existe en la mayoría de hogares del mundo, su marca hoy Colgate-Palmolive, continúa siendo líder mundial en jabones, pasta de dientes y muchos artículos más.

También Colgate promovió la creación de organizaciones cristianas como la American Bible Society en 1.816. La Universidad Colgate lleva su apellido en reconocimiento a su legado como benefactor.

"Traigan todas las décimas partes al almacén, para que llegue a haber alimento en mi casa; y pruébenme, por favor, en cuanto a esto ha dicho Jehová de los ejércitos, a ver si no les abro las compuertas de los cielos y realmente vacío sobre ustedes una bendición hasta que no haya más carencia". Malaquías 3:10.

Para alcanzar la dicha financiera debes internalizar en tu ser las siguientes verdades:

1. Dios quiere que tú prosperes financiera y espiritualmente para que tengas una vida plena en lo emocional y en lo económico.

2. Acepta la responsabilidad de ser uno de los socios y administradores de Jehová.

3. La fe en Dios y el trabajo duro llenarán tu vida de prosperidad y abundancia.

4. La educación en Dios y en las ciencias es el camino para una vida de servicio y bienestar.

5. Dios te quiere disciplinado y firme en tus convicciones y en tu trabajo.

6. Debes tener Actitud, si tus resultados actuales no son los que esperas, TÚ debes cambiar.

7. Administra tus recursos con rigurosidad según tus realidades y no según tus sueños.

8. No des lugar a la emoción en tus inversiones.

9. Da gracias a Dios por todo lo que recibes.

"Más Jehová estaba con José, y fue varón próspero; y estaba en la casa de su amo el egipcio. Y vio su amo que Jehová estaba con él, y que todo lo que él hacía, Jehová lo hacía prosperar en su mano". Génesis 39:2-3.

La prosperidad de cada hijo de Dios debe ser integral, donde un hombre está con Dios se hace próspero y todo a su alrededor prospera.

La Fe y el Pensamiento Positivo

La fe y el pensamiento positivo van de la mano.

La fe es un requisito *sine qua non* para lograr cualquier cosa que nos propongamos en la vida. Fe es confianza en Dios y en ti mismo, es la certeza de lo que esperas y la convicción en lo que no ves.

Cuando una persona se llena de pesimismo es porque está perdiendo la fe, frases como: Cuando el pobre lava llueve, nada me sale bien en la vida o si no es una cosa, es otra, pero siempre sale mal, son declaraciones pesimistas que suponen una actitud negativa de pérdida de confianza en Dios y en nosotros mismos.

Perder la fe es alejarse del camino de Dios, es tomar la senda del pecado.

¿Por qué? Porque el pesimismo trae pobreza, miseria y enfermedad, Dios sufre cuando un hijo suyo se encuentra en esa condición.

Una persona sin rumbo y que ha perdido la fe padece de pesimismo, angustia, depresión y desesperación, se condena al dolor y nunca llegará a alcanzar su nivel de vida deseado.

Los que tienen fe en Dios, son creyentes del futuro, de la familia, de la sociedad y lo que es mejor, confían en sí mismos.

Cuando haces una visualización, le pides ayuda a Dios en ese propósito y tienes confianza y certeza que con ayuda del Creador, tus acciones y trabajo duro vas a lograr ese empeño, en ese instante estás llevando a cabo un acto de fe.

Si deseas para ti y tu familia un camino de prosperidad, la respuesta está en ti, en la fe que tengas en Dios y en ti mismo. En que con tu empeño trabajarás en equipo con Jehová para que tu vida sea plena en el campo espiritual, con armonía en tus relaciones y por supuesto con una situación financiera holgada.
El Sentido común de cualquier ser humano indica que si la realidad que vive en la actualidad no es lo que quiere para sí mismo, debe empezar por cambiar.

¿Pero qué debo cambiar?

Algunos canalizan su necesidad de cambiar en su exterior cambiando lo superficial, la ropa, el cabello, el vehículo, el empleo o haciendo dieta. Pero estas personas se equivocan si no hacen un cambio en su interior, sea cual fuere el cambio que apunte a tu apariencia va a fracasar si no revisas primero dentro de ti.

"Así que no nos fijamos en lo visible sino en lo invisible, ya que lo que se ve es pasajero, mientras que lo que no se ve es eterno" Corintios 4:18.

Si tu realidad no te satisface y enfocas tu necesidad de cambio en tu interior, en tu forma de pensar, cambias a un pensamiento positivo y estarás renovando tu fe en Dios y en ti.

Recuerda que a Jehová le agrada tu crecimiento y tu éxito lo celebra, porque eres su hijo y heredero, cuando cambias para mejorar estas honrando al señor.

Con el pensamiento puedes iniciar los cambios que quieres en tu trabajo, en tu familia, en tus relaciones y por supuesto en tus finanzas. Al establecer tus objetivos y renovar tu fe haces lo más valioso, ponerte en camino a la felicidad.

El cambio en tu actitud mental y en tu espíritu te llevará a conseguir la felicidad plena, te convertirás en una luz que ilumine el camino de tus allegados hacia la prosperidad, hacia el camino de Dios.

El método llamado "Cambio en positivo", te va a ayudar a cambiar una percepción negativa de una situación, por una positiva ayudándote a desarrollar tu pensamiento positivo que es el que puede cambiar tus realidades.

Esto se trata de forzar un cambio en tu actitud hacia una situación o circunstancia que te causa molestia evidente, por una actitud de agrado o incluso gusto.

El valor de este ejercicio no es el de claudicar ante una situación indeseada. El valor radica en que desarrolles la capacidad para que los cambios nazcan en tu interior por tu voluntad consciente, eso te brinda una capacidad infinita de renovar tu fe y lograr tus propósitos.

Se trata de actuar conscientemente en forma positiva sobre una situación o circunstancia que no te gusta:

- Si no te gusta tu trabajo, ponle un mayor empeño y esfuérzate por mejorar tu desempeño.
- Si una persona tiene un comportamiento grosero continuamente, respóndele con amabilidad y educación.
- Si no te alcanza el sueldo que obtienes con tu trabajo no te quejes, por el contrario da gracias a Dios que te permite solventar algunos gastos y ponle más empeño.

El valor de estos ejercicios está en fomentar los cambios en positivo, cuando a una situación incómoda e indeseada le respondes con positivismo, algo bueno sacas, el enemigo de tu mente es el pesimismo porque es el camino contrario a la Fe.

La fe es esperanza y confianza en un futuro mejor, el pesimismo representa la muerte del futuro antes de nacer, para mantenernos optimistas y con Fe debemos tomar las riendas de nuestro futuro y empezar a sembrar hoy para cosechar mañana.

"Pero esto digo: El que siembra escasamente, también segará escasamente; y el que siembra generosamente, generosamente también segará". 2 Corintios 9:6

Casos resaltantes de Empresarios que han triunfado haciendo negocios basados en los Principios de Dios

Son innumerables las historias que relatan la voluntad de Dios en que sus hijos prosperen y sean bendecidos materialmente.

Samuel Truett Cathy

Fue un emprendedor norteamericano, fundador de la cadena de restaurantes Chick-fil-A, Inc. La segunda mayor cadena de restaurantes de pollo en los Estados Unidos, con más de 1600 restaurantes por todo Estados Unidos.

Su negocio inició en 1.946 cuando con su hermano abrieron en Atlanta un restaurante llamado "The Dwarf Grill", que con los años se convirtió en Chick-fil–A, el negocio fue dirigido por el Señor Cathy bajo principios cristianos.

Su cadena de restaurantes Chick-fil–A, desarrolló un modelo de franquicias innovador principalmente en lo que se refiere a la propiedad del restaurante, la empresa selecciona la ubicación, construye el local y mantiene la infraestructura, sin embargo, el crecimiento del modelo de negocios no se basa en el dinero que inviertan los franquiciados.

Para operar una franquicia Chick-fil–A, se requiere aprobar una serie de evaluaciones sobre aptitud y liderazgo para dirigir una empresa. La inversión del franquiciado es de apenas 5.000 dólares, mientras las franquicias tradicionales requieren una inversión de 2 millones de dólares en promedio

Sus creencias religiosas están enmarcadas en sus objetivos estratégicos permanentes de la empresa, ellos declaran que su misión es:

"Glorificar a Dios por ser un mayordomo fiel de todo lo que se le confía... Para tener una influencia positiva sobre todos los que entran en contacto con Chick-fil-A ".

En una entrevista el Sr. Cathy confesó que se puso como objetivo alcanzar el éxito económico sin abandonar sus principios y prioridades como cristiano. Un ejemplo de esta política es que sus restaurantes gestionan bajo principios de respeto a la palabra de Dios, no trabajan durante los domingos, así como el día de acción de gracias y navidad, puesto que estos son días para honrar a Dios.

La empresa también se ha destacado por sus actividades filantrópicas, ayudando a jóvenes a tener acceso a educación universitaria a través de becas y otros programas. Solo su programa de becas de liderazgo ha destinado más de 30 millones de dólares para formar a una generación de líderes en los principios de Dios. También han encargado la construcción de viviendas sociales para niños en estado de orfandad.

"Casi cada momento de cada día tenemos la oportunidad de dar algo a otra persona - nuestro tiempo, nuestro amor, nuestros recursos". Samuel Truett Cathy

El señor Cathy fue un ejemplo de un empresario exitoso que nunca se apartó de los principios de Dios para construir un emporio empresarial sin sucumbir a la codicia del dinero.

David Green

Hijo de un predicador provino de una familia muy pobre, fundador y CEO de Hobby Lobby empezó su negocio, una tienda de artesanías en 1970 con un préstamo de 600 dólares.

La compañía, hoy cuenta con más de 700 tiendas, sus ventas en el año 2015 superaron los 4 mil millones de dólares.

Hobby Lobby sigue en proceso de expansión y espera abrir su almacén número 720 para finales del año 2016.

David Green ha sido descrito por la revista Forbes como "el mayor benefactor religioso del mundo", y afirma que su imperio de 5.100 millones de dólares pertenece a Dios.

"Si tienes algo o si tengo algo, es porque nos ha sido dado por nuestro Creador. Así que he aprendido a decir: 'Mira, esto es tuyo, Dios. Es todo tuyo. Te lo voy a dar" David Green – Hobby Lobby.

Viniendo de una familia religiosa, Green afirma que no se puede tener un sistema de creencias el domingo y no vivirlo el resto de la semana, por eso la empresa que dirige gestiona bajo principios cristianos.

Gran parte de las ganancias de Hobby Lobby se destinan a hacer del mundo un lugar mejor para todos.

Vemos múltiples ejemplos de personas que han dedicado su vida a desarrollar negocios sustentables sin sucumbir a la ambición desmedida del dinero por el dinero, al contrario han gestionado en principios cristianos y se han convertido en una luz que ilumina su entorno, porque sus negocios se basan en trabajo, justicia y respeto por la espiritualidad del ser humano.

Un verdadero camino a la felicidad en la gracia de Dios.

La Herencia de Dios

La herencia que Dios ha querido dejarnos vale más que todos los tesoros conocidos y por conocer, es su obra y se resume en las escrituras de la Sagrada Biblia.

Eres la criatura perfecta de Dios, su obra maestra, su mayor amor. Sueña, ten fe y actúa conforme a su mandato, glorifica su nombre, confía en su plan y deléitate con las maravillas que ha dispuesto se hagan en ti y en los tuyos.

Dios derrame bendiciones sobre ti…

LIBRO 3 ÁGUILA AMERICANA

SECRETOS FINANCIEROS DE DONALD TRUMP
Para ser líder
Sigamos al líder

EMIR SAMSORES

Presentación

A lo largo de la historia el homosapiens aprendió que siguiendo las huellas de otro homosapiens que caminaba delante de él, llegaba más rápido y menos cansado, abriéndose así espacio y evitando obstáculos como pantanos, arenas movedizas o depredadores que acechaban en las selvas y praderas, todo esto debido a que el primero ya había recorrido ese camino.

El hombre inteligente siempre sigue los pasos de alguien que va al frente de él – uno que lleva la delantera- de esta manera recorre el camino con una gran ventaja y con más facilidad que si caminara solo.

Con el pasar de los siglos a estos hombres que señalaban el camino de otros se les ha llamado: Guías, Maestros, Mentores, Sabios, Avatares, etc.

Así entonces, para el interesante tema que nos compete en este libro, para obtener abundancia, una mejor economía, una vida próspera y feliz, en una palabra para tener ÉXITO, debemos seguir al mejor, al cabeza, a el cerebro, a un imán de la riqueza, a el hombre que vio una oportunidad de cambiar al mundo y lo hizo. Un hombre que pudo visualizar a la humanidad viviendo una nueva era de abundancia para todos, un hombre que convierte los fracasos en éxitos, el que apostó por un mejor futuro, un hombre distinto, con fuerza y carácter, que no tiene miedo al fracaso, un hombre que ama los desafíos y los riesgos, un hombre que reta al destino, que todo lo que toca lo convierte en oro, un hombre con la rudeza que sólo se adquiere en la calle, un líder que te puede hacer ganar una fortuna.

Donald Trump es sin lugar a dudas el empresario modelo, el ejemplo de adaptabilidad al volátil mercado de los negocios y las finanzas, especialmente en el sector inmobiliario.

Es un hombre radical, no conoce las medias tintas y así como emergió en los años 80 como uno de los más importantes y acaudalados empresarios de los Estados Unidos, así mismo atravesó hacia los años 90 una estrepitosa caída que puso a su imperio en la cuerda floja, producto de erradas decisiones conjugadas con la recesión económica.

La crisis atravesada por el magnate fue grande pero más grande fue la forma como la afrontó. Tras varias jugadas estratégicas en las cuales comprometió hasta su patrimonio personal, Trump vuelve a la palestra empresarial más fuerte que antes.

Su sagacidad, su inteligencia financiera, su habilidad y su voluntad, aunque a muchos no les guste, lo hicieron quien es ahora, nada más y nada menos que el hombre más poderoso del mundo.

Así es amigo lector

Emir Samsores trae para ti…

El Líder Nato

Desde la antigüedad se hace patente que el ser humano es un ser social, que interactúa en grupos, primero fueron grupos de caza, pesca y recolección, luego se desarrollaron los asentamientos humanos, pueblos y ciudades, ello trajo consigo los ejércitos y las civilizaciones, hasta llegar al nivel de desarrollo y organización de la vida actual.

Todos y cada uno de estos desarrollos sociales de la humanidad se basaron en el *liderazgo* ejercido por muchas personas a lo largo de la historia, ellos fueron la guía de los pueblos.

El liderazgo es una cualidad de algunos seres humanos para influir en un grupo a fin de alcanzar determinados objetivos, haciendo que el colectivo trabaje con entusiasmo y motivación hacia el logro de las metas propuestas.

También se entiende el liderazgo como la capacidad de tomar la iniciativa para poner orden en el caos del grupo, para que cada individuo ejecute tareas en forma sistematizada con el resto del equipo y así lograr una SINERGIA, que no es otra cosa que todas las tareas de grupo desempeñadas de forma coordinada, para que el trabajo sea más eficaz y productivo que el desarrollo independiente de las actividades de cada miembro por separado.

El liderazgo no implica una distribución diferenciada de poder, no se considera que los miembros del grupo carezcan de éste, pues cada uno aporta al equipo desde su ámbito de acción, sin embargo el grupo es quien empodera al líder para que sea este quien ejerza el poder del colectivo en él representado.

Los líderes se destacan del grupo por muchas características especiales y obviamente dependiendo de la naturaleza de la agrupación. Si observamos un grupo de niños por ejemplo, siempre hay uno que destaca entre los demás en cuanto a la toma de decisiones, este pequeño líder es quien toma la iniciativa respecto de qué juego van a llevar a cabo, cuáles son las reglas, qué papel va a desempeñar cada uno y cuál es el objetivo.

Este pequeño ejemplo de liderazgo nos muestra al Líder Nato, aquella persona que desde sus primeros pasos tiene la habilidad de influir en un grupo, primero en los juegos como niños y más adelante, en la escuela tiene la capacidad de influir en el comportamiento del grupo, tanto positiva como negativamente.

Con la llegada de la adolescencia los líderes natos siempre están asociados a un grupo, es decir al funcionamiento de este, influyendo poderosamente en el comportamiento de los compañeros.

En los equipos deportivos desde infantiles hasta profesionales observamos que hay individuos que inspiran a sus compañeros a seguir adelante más allá de lo que se espera de ellos, esa motivación para pasar de un buen desempeño a uno extraordinario está influido por el liderazgo.

Los miembros del grupo confían en las direcciones y decisiones del líder para llevar al equipo a alcanzar los sueños.

Este Líder nato al cual nos referimos presenta un comportamiento que es provocador y convocante para el grupo, una conducta que para él es natural pues la realiza sin una motivación impuesta, su esencia lo lleva a convocar, inspirar y mover al colectivo.

Puede estar o no investido de la autoridad legítima para desempeñar una posición de poder, pero cuando suceden eventos extraordinarios sobresale entre la multitud para llevar sosiego a las masas.

"La tarea de un líder es llevar a su gente de donde está hasta donde no haya llegado jamás" Henry Kissinger.

Algunos ejemplos de Líderes Natos que han cambiado naciones

Algunos seres humanos excepcionales a lo largo de la historia han tenido la habilidad para guiar a millones hacia un objetivo común, han inspirado y sus seguidores confiaron en que ellos les llevarían por el camino indicado:

Mahatma Gandhi

Nació en la India Británica en 1869, fue un político, pensador y líder de la India, guió a su país a superar la ocupación inglesa y la consiguiente segregación de los ciudadanos indios, como individuos de nivel inferior en el imperio británico.

Sus métodos revolucionarios de resistencia pacífica unieron al pueblo de la India, la segunda nación más poblada del planeta, para juntos lograr la independencia.

Durante la segunda guerra mundial planteó una objeción de conciencia a los líderes aliados, sobre cómo pedirle a la India que luchará en la guerra por la "libertad y la democracia", cuando estos valores le eran negados al pueblo Indio, el 15 de agosto de 1947, la India se hizo un país independiente.

Gandhi fue encarcelado en múltiples oportunidades, pero sus valores, convicciones y determinación no cambiaron, fue un líder nato con un alto sentido de responsabilidad que llevó a su pueblo a la libertad sin violencia. Falleció en Nueva Delhi en 1948.

Steve Jobs

Hijo de un universitario Sirio y una Estadounidense, fue dado en adopción a Paul y Clara Jobs.

Siendo adolescente se interesó por el mundo de la computación asistiendo a charlas de empresas como Hewlett Packard en donde conoció a su futuro socio Steve Wozniak.

Se retiró de la universidad por el alto costo de esta y diseñó algunos juegos para Atari Inc. siendo muy joven. Al mismo tiempo trabajaba con Wozniak en la fabricación de una computadora.

En 1976 ambos fundaron Apple Computer Company, sus computadoras Apple I y II iniciaron el camino de lo que parecía un sueño, una computadora en cada hogar.

Por desacuerdos con los inversionistas salió de Apple a principios de los ochenta, posteriormente fundó NeXT Computer Inc., en donde desarrolló el sistema operativo NeXSTEP, que fue utilizado por Tim Berners Lee para desarrollar la Internet.

Otro de sus logros fue Pixar, empresa dedicada a la animación por computadora que rompió los esquemas tradicionales del cine animado.

En 1996 volvió a Apple, que estaba pasando por problemas financieros y para ese momento era simplemente otra empresa de computación, trabajó con su equipo en productos innovadores y fueron desarrollados el iPod (2001), iTunes (2003), iPhone (2007) y el iPad (2010).

Con esto Apple consiguió ser la empresa de mayor capitalización en el mundo para el 2011, pero aún más importante, Jobs ha conseguido aún después de su muerte seguir inspirando a una generación a pensar diferente.

Lech Walesa

Fue un sindicalista polaco que trabajaba como electricista en unos astilleros en su Polonia natal en tiempos del comunismo.

Despedido de su trabajo por su participación en huelgas, luchó por la creación del primer sindicato libre en la era comunista, el movimiento Solidaridad, del cual fue presidente tras encabezar múltiples protestas por los derechos de los obreros y los ciudadanos, destacándose la Huelga en los astilleros de Gdansk sus en 1980 que obligó al gobierno comunista a permitir los sindicatos.

En pocos meses el movimiento Solidaridad contaba con más de 10 millones de seguidores, sus negociaciones con el gobierno ganaron mejores condiciones para la clase trabajadora.

En 1981 Walesa fue apresado por presión de las autoridades comunistas, la repercusión de su arresto por justas reivindicaciones valieron para que el vaticano en cabeza del Papa Juan Pablo II interviniera por su liberación, fue premio Nobel de la paz en 1983.

Entre 1983 y 1990 su movimiento encabezó la lucha no violenta por la transición del comunismo a la democracia en Polonia, fue el primer presidente Polaco electo en elecciones libres en la era post comunista.

Características de los líderes natos

Todos los líderes natos han tenido la habilidad de inspirar y encabezar en algunos casos a millones de personas por un camino determinado en busca de un objetivo. Pero, ¿qué es lo que hace únicos y especiales a estos líderes? Estas y algunas otras características son comunes en este tipo de líderes:

1. **Establecen metas y objetivos**, por lo general las personas se unen en torno a sus problemas o situaciones complejas, el líder nato no se queda a contemplar el panorama, en respuesta al colectivo propone soluciones que son objetivos para dejar atrás los problemas, por eso la gente los sigue.

2. **Son motivadores**, mantienen a su equipo motivado a ir más allá, se encargan de demostrar que la meta es posible y va a ser lograda, mantienen ese espíritu positivo de gestión orientada al logro. Para ello usan la retroalimentación y modelos de conducta para inspirar a otros

3. **Son factor de unidad**, el líder nato sabe establecer expectativas a todos sus seguidores, por lo cual cada miembro sabe qué esperar y por qué trabaja, milita o sigue las instrucciones del líder.

4. **Adaptabilidad a los cambios**, los cambios son una oportunidad para capitalizar la preparación ante los movimientos del entorno, el líder se anticipa para responder de la mejor manera, está claro que no está bajo su control el entorno, pero entiende que sí está bajo su control estar preparado para los cambios.

5. **ACTITUD**, se refiere a la orientación hacia la **acción** en este tipo de personas, el liderazgo natural resuelve problemas y trabaja continuamente para ello, sin que haya una solicitud, un problema es una oportunidad.

6. **Confrontación,** los problemas son enfrentados directamente sin dilaciones, la búsqueda de soluciones sustenta su liderazgo.

7. **Confianza,** la autoestima del liderazgo es elevada y eso inspira en sus seguidores, que confían en él porque hace lo adecuado para llevarlos al objetivo colectivo.

8. **Iniciativa,** es la predisposición a emprender acciones, crear productos e innovar sin que haya una solicitud, la iniciativa es la búsqueda de la excelencia.

9. **Seguridad,** el líder natural no tiene comportamiento errático, por el contrario es muy seguro aun en momentos de tensión, esto lo saben sus seguidores y por ello confían en él.

10. **Autoridad,** el liderazgo lleva implícita la autoridad bien sea formal o informal, el líder usa la autoridad que es del colectivo para favorecer los intereses de este, no para favorecer individualidades.

11. **Carácter,** el líder tiene una firme voluntad de ir en una dirección determinada, con una conciencia firme bien formada sobre el bien y el mal con un criterio independiente a terceros, tiene la capacidad de tomar decisiones difíciles y dolorosas.

12. **Competitividad,** es sumamente competitivo su naturaleza es ganar y llevar a su equipo a la victoria, para lo cual se someterá a grandes sacrificios y exigirá sacrificios por la causa de la victoria a sus seguidores.

13. **Enseña,** el líder por naturaleza es un modelador de conducta, por ello se dedica a enseñar aptitudes y actitudes a los miembros de su equipo.

14. **Escucha,** tiene la capacidad de escuchar y entender a sus seguidores, dedica tiempo y valora la charla con las personas más insospechadas en todos los estratos sociales, de esta forma se retroalimenta el liderazgo.

15. **Justicia** el líder natural utiliza el poder del colectivo en el representado con justicia, dando a cada quien lo que se merece.

16. **Ética** su desempeño está basado en valores que representan al grupo, tiene un alto sentido del deber y la virtud.

17. **Carisma** El líder carismático tiene la capacidad seducir masas y de generar entusiasmo, su elección como líder es celebrada por sus seguidores y crea entusiasmo en otras personas, este tipo de liderazgo inspira a las personas a superar las limitaciones para alcanzar objetivos.

18. **Se crece bajo presión,** es capaz de calmar a sus seguidores, controla, analiza, plantea escenarios y actúa ante la crisis, tomando las decisiones más acertadas.

19. **Empatía,** El líder nato se pone en la posición de sus seguidores para de esta manera entender a la masa y representarla de la mejor manera,

20. **Calidad humana** el líder natural ante todo es considerado una buena persona por sus seguidores, noble, humilde de sentimientos, humano, capaz de equivocarse y de rectificar, así como, capaz de perdonar.

Claro está que la historia también nos muestra Líderes natos negativos

Los liderazgos carismáticos y magnéticos también pueden conducir a las masas de seguidores por caminos de ruina, fracaso, guerra y muerte.

A pesar de sus cuestionables métodos y sus nada nobles propósitos algunos grandes líderes han usado sus formidables habilidades para que millones de personas los sigan en sus sueños de imponer sus criterios con la fuerza dejando de lado la justicia, algunos ejemplos de ellos son:

Adolf Hitler
(1889-1945)

Líder del partido nacionalsocialista alemán. Llevó a cabo una campaña de invasión en casi toda Europa, para someter pueblos, saquear riquezas e imponer la supremacía racial.

Prometió un tercer reich que duraría mil años, esto provocó la segunda guerra mundial, Europa quedó en ruinas, Alemania devastada, invadida y dividida.

Se suicidó al final de la guerra.

Robert Mugabe
(1924- al presente)

Fue precursor de la independencia de Zimbabue y se hizo presidente y dictador.

Su régimen está caracterizado por una terrible gestión económica, así como, por perseguir, apresar y torturar a sus opositores.

Pablo Escobar Gaviria
(1949-1993)

Narcotraficante colombiano que inició una guerra contra el estado para evitar la extradición a los Estados Unidos.

Usó métodos terroristas como autos bomba, bombas en aviones y asesinatos, contaba con un ejército de sicarios comprados con dinero del tráfico de drogas.

Fue abatido en un enfrentamiento con la policía Colombiana.

La historia del Magnate Sus Origenes

Donald John Trump, nació en Nueva York en 1946, hijo de **Fred Trump** (1905-1999) un conocido empresario de los bienes raíces de ascendencia Alemana y de **Mary Mcleod** (1912- 2000) una inmigrante escocesa que llegó a América con tan solo 18 años y 50 dólares en sus bolsillos.

Sus padres contrajeron matrimonio en 1936, tuvo cuatro hermanos, **Maryanne** nacida en 1937, quien se desempeña como Juez federal desde tiempos de la presidencia de Ronald Reagan, **Fred** nacido en 1938 falleció a principios de los años 80, sufrió problemas ligados al alcoholismo, **Elizabeth** nacida en 1942 es actualmente una ejecutiva del Chase Manhattan Bank y el menor de sus hermanos **Robert** nacido en 1948, está en la actualidad a la cabeza de la que fuera la empresa de bienes raíces de su padre.

Su abuelo paterno **Frederick Trump** emigró de Alemania en 1.885 con apenas 16 años, él hizo fortuna con un restaurante en una inhóspita región en tiempos de la fiebre del oro, se casó también con una alemana **Elizabeth** con quien tuvieron 3 hijos, uno de ellos sería **Frederick Christ Trump**, el padre de Donald.

Los primeros años de **Donald**, transcurrieron en **Jamaica Estates**, un vecindario de clase media alta en Queens, Nueva York. Al igual que sus hermanos asistió al Kew-Forest School en Forest Hills, Queens. En su hogar se inculcaron férreos principios de respeto, disciplina y amor al trabajo desde que los hermanos Trump eran muy pequeños.

En los días que no había escuela el pequeño **Donald** acompañaba a su padre **Fred** a supervisar construcciones, a cobrar alquileres a observar propiedades y a negociar compras y ventas en el mercado inmobiliario, así empezó su educación en el mundo inmobiliario y de los negocios.

En su adolescencia, alrededor de los 13 años el joven **Donald** tenía problemas de indisciplina, en oportunidades no llegaba a la escuela o de la escuela no se iba a casa, por lo que su padre decidió enviarlo a la **The New York Military Academy (NYMA).** Allí se forjó el carácter de Donald, **intimidante** de verbo fuerte y agresivo, sin medias tintas y por sobre todo competitivo orientado siempre a ganar.

Posteriormente estuvo dos años en la **Universidad de Fordham en el Bronx**, siguió en la escuela de negocios de **Wharton** porque esta casa de estudios tenía un programa de formación en el sector inmobiliario, donde estaban los negocios de la familia y en lo que había estado familiarizado desde niño, finalmente, obtuvo el grado de **ciencias de la economía y antropología**.

Su gran mentor

Fred su padre, era un hombre que todas las mañanas les repetía a sus hijos que fueran al espejo y gritarán desde su corazón "**SOY UN REY**", "**SOY EL MEJOR**", "**SOY INVENCIBLE**". Así con ese espíritu y convicción les pedía comenzar todos los días como un día formidable. Este fue un gran paso en la preparación del futuro líder.

Frederick Trump, empezó el negocio de bienes raíces cuando apenas tenía 20 años, por eso la empresa que fundó se llamó **Elizabeth Trump And Son**, (en español, Elizabeth Trump e Hijo) esto debido a que no tenía edad legal para firmar cheques por lo cual era el único papel de su madre en la empresa, firmar los cheques. Al joven Fred pero le sobraba actitud y espíritu emprendedor.

En los años 20 Fred, se dedicó a la construcción de viviendas familiares en Queens para personas de bajos recursos, cada vivienda la vendía en 3.990 dólares. Durante los tiempos de la gran depresión incursionó en el negocio de los supermercados con un modelo de bajos precios y autoservicio, fue un gran éxito, vendió sus supermercados con una considerable ganancia y se concentró en el negocio de bienes raíces.

Durante la II guerra mundial la empresa de Fred fue una importante contratista de la Armada estadounidense dedicada a la construcción de bases militares y viviendas para los militares en la costa este.

Al finalizar la guerra se concentró en el negocio de vivienda para quienes formaban una familia al volver de la guerra. Edificó puertos y grandes complejos de vivienda. El negocio de Fred construyó y operó más de 27.000 viviendas en Nueva York y sus áreas circundantes.

Fred fue acusado de discriminación por evitar alquilar sus viviendas a afroamericanos y también fue conocido que durante y después de la conflagración, negaba sus antepasados Alemanes, aduciendo falsamente que descendía de Suecos, esto lo hacía para no espantar a la comunidad judía que era muy importante para sus negocios y admitió muchas veces que le fascinaba alquilar o vender sus viviendas a judíos porque le daban valor a las construcciones y eran buenos pagadores, cosa que no hacían los afroamericanos.

La calidad de la construcción de las obras de las empresas de Trump fue un sello de su marca, también seleccionaba a los habitantes de sus propiedades para que no trajeran malas costumbres que afectasen el valor y la reputación de los inmuebles.

Un aspecto que no descuidaba Fred era el tema de los impuestos, tomaba toda rebaja fiscal y de impuestos posible, él tenía un enfoque gerencial holístico, estaba al frente de las construcciones, ventas, arrendamientos, desalojos y no descuidaba el tema de las finanzas e impuestos.

Donald al terminar la universidad en 1.968 se unió a su padre en la dirección de The Trump Management Co., de la cual fue nombrado Presidente en 1974. A finales de los setenta Fred repartió su fortuna entre sus hijos dejándole a Donald por pedido de él mismo el territorio de Manhattan, mientras su hermano Fred seguiría trabajando Brooklyn y Queens.

Fred a pesar de amasado una fortuna de unos 300 millones de dólares fue conocido como un hombre sencillo y en extremo ahorrador, al punto de reciclar los clavos usados y hacer el trabajo de exterminador de insectos en su vivienda. Su mayor lujo era cambiar su Cadillac Azul cada tres años por el modelo nuevo.

Cómo se inició Donald Trump en el negocio inmobiliario

Donald Trump se inició en las inversiones inmobiliarias con un préstamo de un millón de dólares que le hiciera su padre con la condición de que lo devolviera además de pagarle los respectivos intereses.

Habiendo estado desde niño al lado de su padre hasta llegar a ser el presidente de la empresa de la familia, aprendió de Fred casi todo del negocio inmobiliario.
Es así como decidió a mediados de los 70 empezar negocios de forma independiente, con el visto bueno de su padre pero tomando riesgos más elevados al dejar el negocio de la vivienda de clase media para irse a Manhattan.

Nueva York para ese momento no era el lugar turístico y lujoso que es hoy, por lo cual su decisión era muy arriesgada. De su padre recibió apoyo avalando los préstamos para las grandes operaciones por venir.

Su primera gran operación fue en 1976 comprando el hotel Commodore, para lo cual se asoció con la organización Hyatt, remodelando el edificio a un estándar de lujo y confort que no se había visto en la grana manzana y se le cambió el nombre a **Grand Hyatt**.

Usando lo que aprendió de su padre convenció a la ciudad de Nueva York a concederle una rebaja de impuestos por 40 años, esto le significó ahorros por cerca de 160 millones de dólares. Para 1996 vendió su participación en el Grand Hyatt por 142 millones de dólares.

Sus grandes proyectos en Nueva York continuaron con el Hotel Plaza y la Torre Trump, finalizada en 1983, entre muchos otros proyectos.

Su mayor logro en el mercado inmobiliario fue en Atlantic City, en la costa de nueva Jersey, allí invirtió en tres casinos el Trump Castle, El Trump Plaza y el Taj Mahal, los cuales le generaron cientos de millones de dólares.

Trump cambió la estrategia que aprendió de su padre en los bienes raíces, fue de la vivienda que no le da mayor valor agregado al inmueble a edificios comerciales que valen por lo que son y por lo que funciona en sus instalaciones, de esta forma Trump participa en la ganancia que generan sus hoteles y casinos, pero también participa de la revalorización del inmueble en donde estos funcionan.

Esta estrategia la han explotado de forma exitosa empresas como McDonald´s que mantienen por lo general la propiedad de los inmuebles en donde funcionan sus franquicias.

La marca TRUMP

Donald Trump, construyó una marca de prestigio y éxito, que se ha expandido a nivel internacional, al punto que muchos promotores pagan por el derecho a utilizar el nombre TRUMP en sus proyectos tanto inmobiliarios como de otras índoles.

Al presente los ingresos por regalías de uso de la marca Trump son la principal fuente de ingresos de su organización.

El hombre Best Seller

La marca Trump también ha incursionado en el **sector editorial**, la exposición mediática y el éxito de sus proyectos ha sido de gran provecho para vender millones de libros.

Algunos de estos se han convertido en Best Sellers de clase mundial, en ellos el magnate da consejos sobre la vida, los negocios, cómo hacerse rico y la política. Entre sus más importantes publicaciones destacan:

1. **El arte de los negocios** (1987) este libro es considerado una obra maestra de los negocios, lo escribió estando en la cima, al día de hoy sigue vigente su contenido.

2. **El arte de volver** (1997) los negocios de Trump pasaron por una severa crisis a principios de los 90, renació como el ave fénix y tomó de los tiempos difíciles enseñanzas que nos dejó en este brillante libro.

3. **Los Mejores Consejos de Bienes Raíces Que He Recibido** (2004) el gran maestro del negocio de bienes raíces cuenta sus secretos.

4. **Queremos que seas millonario** (2006) Con Robert Kiyosaki. En este libro se une el más grande educador y motivador Financiero que es Kiyosaky con

uno de los más exitosos hombres de negocios que ha existido Trump, sus enseñanzas invaluables.

5. **Cómo hacer a América grande otra vez** (2015) En esta publicación Trump plantea su plan para dirigir la nación más poderosa del mundo, los postulados que poco tiempo después lo llevarían a la casa blanca.

La crisis de los 90

Para 1988 se concretó la compra del Taj Mahal Casino, esa operación aumentó considerablemente su nivel de endeudamiento. La cuantiosa compra y remodelación fue financiada con una emisión de bonos que al combinarse con un parón de la economía estadounidense y de una serie de cuestionables decisiones financieras llevaron a Trump un estado de cesación de pagos y quiebra que nunca quiso reconocer.

Los tenedores de bonos y los bancos estaban perdiendo cientos de millones de dólares, por lo cual Trump hábilmente negoció una reestructuración de deuda en términos amistosos para evitar los costos legales de un juicio en donde las indemnizaciones posiblemente hubieran hundido por completo su negocio.

El cedió el 50% de las acciones del Taj Mahal en favor de los tenedores de bonos, a cambio de aceptar un interés más bajo y extender los plazos de las obligaciones, con esta hábil negociación salió de la bancarrota en 1991 y siguió adelante el proyecto.

Para finales de los 90 su situación financiera mejoró notablemente, culminó la Trump World Tower, un edificio de 72 plantas muy cerca de la sede de las Naciones Unidas en Nueva York y desarrolló proyectos como el complejo Trump Place y el Trump International Hotel and Tower.

Familia

Trump se ha casado en tres oportunidades y tiene cinco hijos, los cuales han recibido una educación privilegiada y han heredado de su padre carácter y temperamento para los negocios.

Su primera esposa Ivana Trump, fue una patinadora olímpica de origen checoslovaco. Se casaron en 1977 y tuvieron tres hijos **Donald jr**. 1.977, **Ivanka** 1.981 y **Erick** 1.984. Se divorciaron en 1992 y como era de esperarse los medios hicieron gran cobertura de la separación, la llamaron el divorcio del siglo por lo costoso que fue para Trump, justo en medio de su crisis económica.

En 1.993 se casó con la actriz Marla Maples, juntos tuvieron una hija **Tiffany** en 1.993 y se divorciaron en 1.999.

Se dice que este divorcio no fue costoso para Trump, puesto había firmado acuerdos prematrimoniales cuidadosos que protegieron su fortuna.

En 2.005 contrajo matrimonio con la modelo de origen Esloveno Melania Knauss, de esta unión nació su hijo menor Barron William Trump, en 2006. Hoy día, Melania Trump continúa siendo su esposa.
Adicto al trabajo

Donald Trump es un conocido **Workaholic**, su adicción al trabajo la heredó de su padre.

Inicia su jornada diaria cerca de las 6 am y culmina a altas horas de la noche, incluso es frecuente que sea activo en las madrugadas en las redes sociales respondiendo a sus seguidores o alimentando alguna polémica, siempre fiel a su estilo de confrontación directa.

Sus pocas pero costosas aficiones las compagina con el trabajo. Es conocida su pasión a jugar al Golf en campos de su propiedad, en donde comparte por espacios considerables con personalidades de la talla de Tiger Woods, sus colaboradores y socios.

Se dice que Trump posee un hándicap de 2.8 y está entre los 150 mejores golfistas en Washington DC. Ha ganado más de una decena de torneos amateur en sus campos.

Trump como buen adicto al trabajo gusta de disfrutar y trabajar a la vez, para sus viajes posee un avión Boeing 757-200 en configuración VIP, apodado "T-Bird" con asientos para solo 43 personas, sala de reuniones y todo el lujo y confort posible, incluso con enchapados en oro. Este avión costó 200 millones de dólares en 2.011.

También posee una flota de helicópteros Sikorsky S-76 para no perder tiempo en el tráfico y es usual que continúe alguna reunión de trabajo mientras se traslada en alguno de sus juguetes.

Trump y Política

Donald Trump desde hace mucho tiempo ha mostrado interés en postularse a cargos políticos, específicamente la Presidencia de los Estados Unidos en 1988, 2004 y 2012, así como para el cargo de gobernador del estado de Nueva York en 2006 y 2014, aunque no había concretado alguna candidatura hasta las presidenciales de 2.016.

En 2.011 una encuesta de The Wall Street Journal lo presentó como favorito para las primarias republicanas, en el mismo año Newsweek lo mostró a pocos puntos del Presidente Barack Obama entre los preferidos de los electores para ocupar la casa blanca.

En mayo de 2.012 anunció que no lanzaría su candidatura a las elecciones presidenciales de ese año a pesar de haber sido catalogado como uno de los hombres más admirados de Norteamérica.
Para el año 2.013 le fue ofrecida la candidatura a la gobernación de Nueva York por el partido republicano, Trump agradeció el gesto y reconoció los problemas que enfrenta Nueva York, pero decidió no aceptar pues se encontraba concentrado en otros proyectos.

El reality show que él venía presentando en la NBC "**The Apprentice**" el aprendiz en español, le había ganado una gran notoriedad en los medios y entre el público norteamericano. La dinámica del reality consistía de un grupo de empresarios que competía en eliminaciones sucesivas por un puesto para dirigir una de las empresas de Donald Trump y un salario de 250.000 dólares al año.

Cada semana Trump como moderador debía despedir al concursante con desempeño más deficiente, lo cual hacía con su estilo de verbo altisonante y sin la menor compasión.

Este show de muy alta popularidad reafirmó la imagen de Trump en el público americano como un hombre implacable en los negocios, capaz de tomar decisiones y lograr resultados, intolerante de la incapacidad y de la gestión deficiente.

Muchas de estas características son las buscadas por el americano promedio para elegir al inquilino de la casa blanca.

En 2015, no renovó el contrato para una nueva temporada de The Apprentice, lo que aumentó las especulaciones sobre una inminente carrera por ocupar la oficina oval.

En junio de 2.015 Trump anunció su precandidatura presidencial por el partido republicano, bajo el lema "**LET'S MAKE GREAT AMERICA AGAIN**" (en español, hagamos a América grande de nuevo).

En su discurso de lanzamiento de candidatura criticó las ventajas con que entraban los productos chinos a USA, así como la presencia de inmigrantes ilegales mexicanos.

Trump manifestó en su campaña muchas afirmaciones que generaron gran polémica a lo largo de la contienda electoral:

- Construiré un muro en la frontera con México para que no pasen más drogas, delincuentes y violadores. Y soy muy bueno construyendo muros, además México pagará el muro.
- No permitiré la entrada de musulmanes en América.
- Deportaré a los 11 millones de residentes ilegales en el país.
- El país ha perdido competitividad en el ámbito global y yo no tengo tiempo de ser políticamente correcto.
- Si pierdo la nominación demócrata, seré candidato independiente a la presidencia.

Sin duda cada polémica generada por Trump polarizó al electorado, pero era la respuesta a un grupo gigante de votantes molesto con el status quo gobernante que se sintió representado en Trump.

En la convención republicana de julio de 2.016 consiguió la nominación como candidato presidencial por el partido republicano.

Para la campaña electoral contra la nominada por el partido demócrata **Hillary Clinton**, **Trump** mantuvo su línea dura contra los inmigrantes ilegales y la polémica continua sobre temas álgidos.

En sus promesas de campaña promete una fuerte inversión en infraestructura y la creación de millones de puestos de trabajo, así como, rebajas de impuestos. Plantea también no seguir financiando los esfuerzos por detener el cambio climático y relajar las normas ambientales.

Su estrategia de campaña se orientó en captar a la mayoría de la población blanca que se sentía olvidada por el sistema, también cautivó a importantes segmentos en las principales minorías de hispanos y afroamericanos.

El 8 de noviembre de 2016 ganó las elecciones presidenciales con 289 votos electorales, frente a los 218 de la candidata demócrata Hillary Clinton, convirtiéndose en **el Presidente nro. 45 de los Estados Unidos de América**.

¿Ángel o Demonio?

Controversial, provocador, polémico, difícil, aguerrido, competitivo, narcisista, exhibicionista, son apenas unos pocos adjetivos que le podemos endilgar a **Donald Trump**.

Es sin duda un personaje ante el cual no se puede ser indiferente, esa es su estrategia, lo amas o lo odias, pero es imposible no tener una opinión personal formada sobre él.

A través de los años sus discursos y frases han dejado un pensamiento y una posición respecto de la cual es casi imposible ser neutral. Veamos algunas de las frases emblemáticas del Águila Americana que han activado a multitudes:

1- *"Sé terco cuando sea necesario: no abandones hasta que hayas agotado todas las posibilidades de éxito".*

2- *"El éxito difícilmente llega de un momento a otro, para lograrlo se necesita tenacidad y paciencia."*

3- *"Aprende algo nuevo cada día: lee, infórmate, aprende, conoce las reglas del negocio, domina lo que hagas.*

4- *"Mi consejo es siempre el mismo: comience a pensar positivamente o terminará boicoteándose a usted mismo."*

5- *"A mi parecer, llegar a la cima implica que es hora de iniciar, un nuevo proyecto. Todo éxito es el inicio del siguiente. Si estamos dispuestos a aprender, nos encontraremos que todo nuevo día nos ofrece algo diferente."*

6- *"Sepa lo que quiere desde un principio, pero guárdeselo para usted hasta el momento justo. Una vez que esté todo sobre la mesa, tendrá todas las posibilidades para navegar hasta el puerto que quiera llegar."*

7- *"Mira la solución, no el problema. Hagas lo que hagas, de vez en cuando tendrás problemas, así que no te enfoques en los problemas, si no en las soluciones."*

8- *"Muéstreme una persona sin ego, y le mostraré a un don nadie."*

9- *"Sé concienzudo. No cuentes con que el azar te llevará a alguna parte, porque no lo hará."*

10- *"Sé tu propia marca: haz que la gente te reconozca y confíe siempre en lo que ofrezcas."*

11- *"Disfruta trabajando los 7 días de la semana e incluso en vacaciones: busca siempre la manera de encontrarle el gusto a lo que hagas."*

12-   *"Si no es franco y directo, está diciendo a los 4 vientos que es una persona insegura."*

Perfil psicológico de Trump

Un jefe de estado de los Estados Unidos debe gozar de un estado de salud físico y mental óptimo, que le permita ejercer un cargo de tanta responsabilidad y presión.

Recordemos que en manos del Presidente de esta nación está el maletín nuclear, es decir el control del arsenal de armas de destrucción masiva del ejército más fuerte del mundo. En sus manos está nada más y nada menos que la posible continuidad de la vida en el planeta como la conocemos.

El psiquiatra **Jonathan Davidson**, elaboró un estudio para la universidad de Duke, sobre el estado de salud mental de los primeros 37 presidentes de los Estados Unidos (1776-1974), basado en datos confiables de biógrafos reconocidos encontrando resultados verdaderamente sorprendentes.

Un hallazgo resaltante es que la mitad de los presidentes del periodo de estudio sufría alguna anomalía mental, tales como James Madison, John Quincy Adams, Franklin Pierce, Abraham Lincoln y Calvin Coolidge que sufrían de Depresión.

Thomas Jefferson mostraba signos de ansiedad, mientras Theodore Roosevelt presentaba síntomas de desorden bipolar.

Ninguna de estas patologías impidió a alguno de ellos ejercer sus funciones como jefe de estado.

En el caso del Presidente nro. 45, Donald Trump, este ha sido calificado por algunos psicólogos con trastorno narcisista de personalidad, aunque nadie dará fe de ello puesto que para certificar un padecimiento de este tipo el profesional debe haber tratado al paciente, adicionalmente la persona tiene derecho a que el tratante mantenga confidencialidad sobre su diagnóstico.

Ahora que, en el supuesto negado que el profesional de la psiquiatría tuviera algo de razón, ¿de qué se trata el trastorno narcisista de personalidad propiamente?

Es una condición que se caracteriza por la demostración un patrón general de grandiosidad, necesidad de admiración y falta de empatía (capacidad de "conectar" emocionalmente con los demás) que empieza al principio de la edad adulta y se da en diversos contextos.

Esta patología, según los expertos se manifiesta de la siguiente manera en las personas:

- Un elevado sentido de importancia: exageran sus logros y capacidades, suelen mostrarse como personas jactanciosas o presuntuosas.

- Preocupación por el éxito sin límites: se auto comparan con personas sobresalientes, hasta el punto de considerarse una especie de elegidos.

- Se consideran superiores: por ello suelen tratar solo determinado estatus social, segregando a quienes consideran inferiores.

- Exigen una admiración excesiva: se preocupan de forma exagerada en cómo son vistos por los demás.

- Son pretenciosos: tienen expectativas irracionales de recibir un trato de favor especial o de que se cumplan automáticamente sus expectativas.

- Son explotadores por naturaleza: como se consideran superiores, el utilizar a los demás para alcanzar sus objetivos es una situación que cabe perfectamente en su ética.

- NO son capaces de sentir empatía, le es imposible ponerse en la situación de otro.

- Sienten envidia de los demás o consideran que los demás les envidian.

- Se comportan de forma arrogante y soberbia.

Para el Doctor en Psicología y subdirector docente de los Estudios de Psicología y Ciencias de la Educación de la Universidad Oberta de Catalunya (UOC) **Manuel Armayones** no hay ninguna duda al respecto:

"Un presidente del Gobierno con una tendencia demasiado marcada hacia el narcisismo es incapaz de entender genuinamente las necesidades de aquellos a los que gobierna. Probablemente será implacable con la oposición política y social. Posiblemente será muy mediático y dará jugosos titulares, pero no será un buen presidente del gobierno."

¿Por qué es odiado Trump?

Es una persona que proviene de una familia privilegiada, encarna al hombre blanco muy rico, que siempre ha sido empleador nunca empleado, en consecuencia, muchas personas consideran que nunca podrá entender ni mucho menos representar los intereses de la clase trabajadora.

Sus discursos son excluyentes, para ganar aceptación de un colectivo carga contra otro sin importarle caer en la xenofobia o incluso instigar al odio, acá algunos ejemplos:

- **"Debemos construir un gran muro en la frontera con México y hacer que México lo pague"** para muchos un muro en una frontera con México, no sería diferente al muro de Berlín y eso no es compatible con la nación que patrocina y apoya la libertad.

- **"México no es nuestro amigo"** la nación que más inmigrantes ilegales aporta a la demografía estadounidense es México, este discurso causó miedo de una persecución por raza en un colectivo gigantesco.

- **"Restablecería el ahogamiento simulado para los sospechosos de terrorismo"** La tortura es la violación de los derechos humanos, es un delito internacional independientemente de los crímenes que haya cometido el reo.

- **"Podría disparar a gente en la Quinta Avenida y no perdería votos"** en cierta manera le dijo al electorado que no le importaba ninguna individualidad, porque su mayoría le permitiría hacer lo que le diera la gana.

- **"Pido el bloqueo completo y total a la entrada de musulmanes en EEUU"** para muchas personas no es más sino un ejemplo más de racismo y xenofobia.

- **"John McCain no es un héroe de guerra. Prefiero a los que no han sido capturados"** El senador McCain es un héroe de guerra, banalizar sus servicios en combate afecta a un colectivo grande y muy respetado como son los veteranos de guerra.

- **"Podías ver cómo le salía sangre de sus ojos. Le salía sangre de su... donde sea"** fue sobre Megyn Kelly una moderadora de uno de los debates entre los aspirantes a la nominación demócrata, sobre una pregunta compleja que le dejó en un silencio incómodo, su expresión sobre la dama fue grosera, destemplada y misógina.

Trump ha expresado públicamente admiración hacia el autoritario presidente de Rusia Vladimir Putin, así como, hacia Kim Jong-Un, dictador de la comunista Corea del Norte, país que técnicamente está aún en guerra con los Estados Unidos y ha amenazado con destruir América.

Si bien es cierto que hay sobradas razones para que un colectivo rechace y odie a Trump, también es cierto que lo que a algunos le causa rechazo a otros le implica su aceptación, su táctica electoral fue polarizar una gran mayoría incluso poniéndose en contra de las minorías.

Por qué muchos aman y admiran a Trump

Así como hay solidez en los argumentos de los detractores de Trump, también la hay respecto de quienes le siguen le aman y le admiran.

Veamos:

- **Es totalmente honesto**

  Es un gran comunicador, no conoce de eufemismos, es conocido públicamente por **decir lo que piensa a cualquier costo**, sus partidarios coinciden en su gusto por la sinceridad, no tiene pelos en la lengua.

  Muchos norteamericanos están cansados de gobernantes que dominan el arte de la palabra y la diplomacia pero no concretan acciones para resolver los problemas.

  En una encuesta de la Universidad de Quinnipiac, 84% de los interrogados dijeron que estaban de acuerdo con la frase "Necesitamos un líder dispuesto a hacer o decir lo que sea para solucionar los problemas de Estados Unidos".

- **Es un hombre de negocios exitoso**

  Trump simboliza **al rey midas moderno**, tiene negocios diversos con resultados sobresalientes, se rodea de los mejores para sus negocios y no vacila para conseguir sus objetivos.

  Parte de la población con muchas deudas y desempleados en algunos casos, ve en esas características un jefe de estado ideal: ¿quién mejor para manejar la economía que un empresario exitoso, que se rodea de los mejores y que consigue los objetivos?

- **Es difícil sobornarlo**

  Trump no está buscando dinero en la casa blanca, ya es multi millonario, tiene suficiente como para sus tres próximas generaciones y posiblemente más allá. Ha dicho repetidamente en sus discursos:

"Soy tan rico, que no me pueden comprar"

Sus seguidores le consideran una real alternativa a la corrupción.

- **Trump es la imagen del sueño americano**

Donald representa el lema "**I love America**", es decir, que la gente vuelva a creer en el sueño americano.

Esto es muy popular entre los estadounidenses. Trump revive la nostalgia de sus compatriotas por el que para ellos era el país de nunca jamás. Ellos consideran que él de verdad puede hacer a américa grande otra vez.

- **Trump ha inspirado a millones con su éxito**

Es un hombre que no niega un valioso consejo a nadie, disfruta enseñar su receta de éxito de trabajo duro, audacia y su capacidad por sacar lo mejor de las personas. Es un auténtico líder, así lo ha demostrado y eso es innegable.

Un hombre fuera de serie

A pesar de sus detractores, la realidad salta a la vista, Donald Trump es un hombre que gracias a su audacia y su inteligencia financiera es **"un fuera de serie".**

Antes de proseguir y sin el ánimo de hacer juicios a priori, hagamos un alto y busquemos el criterio objetivo que justifique el por qué se le cataloga de esta manera.

Una persona "fuera de serie" es aquella que sin poseer mayores rasgos característicos distintos a los del común denominador de la población, logra destacar gracias a haber trabajado en el desarrollo de sus habilidades y potencialidades, para ello se ha educado y ha ejercido los roles que le han correspondido.

Un fuera de serie no es un superhéroe, es una persona como tú o como yo que ha afrontado los retos que la vida le ha impuesto con actitud de vencedor.

Tal parece que quienes han tratado de definir a los fuera de serie, bien pudieran haber sido inspirados en Trump.

Su camino no ha sido fácil

Muchos lo tildan de soberbio, de arrogante, incendiario, misógino, xenofóbico, bravucón, charlatán, abusivo, entre muchos otros tantos no tan agradables calificativos que a él parecen no preocuparle mucho, es más, no teme en proferir una cruda respuesta o un insulto a cualquiera que se le plante enfrente, eso es quizás uno de sus tantos rasgos característicos.

Pero yendo más allá, es posible que emitir un juicio sobre su particular personalidad nos extrapole en la esfera de la subjetividad y la proyección mediática.

A lo que queremos llegar en todo caso, es a encontrar la razón de su éxito y antes de continuar, es imperativo afirmar con sólidas bases que su camino, definitivamente no ha sido fácil.

Trump, como ya lo referimos anteriormente, viene de cuna de oro y es muy probable que el mayor provecho que esto le haya dejado ha sido la excelente educación que le ha hecho ser acreedor de una impresionante inteligencia financiera, es decir, la habilidad para hacer riqueza, mantenerla, recuperarla y multiplicarla.

La inteligencia financiera no se trata de un don que la vida le da a unos y a otros no, es una habilidad que se adquiere y se desarrolla si así se quiere. Sin embargo, en la generalidad de los casos no se aprende ni en la escuela ni en la universidad, ni mucho menos en el seno familiar, pues este es quizás el ámbito en el cual se arraigan con más poder las creencias limitantes en torno al dinero. Por supuesto que esto no fue así en el caso de Trump pues al ser hijo de padres prósperos, su educación familiar fue orientada a hacer de él lo que hoy día es, un gran magnate.

La cima y el suelo

"Me gusta pensar en grande, siempre lo he hecho, para mí es muy simple, si de todos modo voy a pensar, por qué no pensar en grande"
Donald Trump

Quien desconozca de quién proviene la frase no imaginaría nunca que tales palabras hayan sido pronunciadas por un hombre que ha conocido el amargo sabor del fracaso.

Independientemente de la opinión polar, hoy Donald Trump destaca en el panorama mundial como un fenómeno en los negocios y en lo político, un caso de éxito que previo a esto ha conocido la cima y el suelo y de este último resurgió cual ave fénix para posicionarse como el más poderoso hombre del mundo.

El mundo entero le gritó: "Estás acabado"

En el año 1990 Donald Trump vio caer el imperio que gracias a sus habilidades en la inversión y la negociación había levantado, tal fue su descenso que se hizo acreedor de un sitio en la lista de récords Guinness por haber protagonizado el mayor descalabro económico de la historia.

Por cientos de millones de dólares adeudados a bancos e inversionistas con ocasión de un enorme fracaso en el sector inmobiliario, tuvo que acogerse a la bancarrota, entregar valiosos activos e incluso comprometer su patrimonio personal avalando la extravagante cifra de 975 millones de dólares.

Muchas circunstancias rodearon la caída de Trump. Durante la época de los 90, Estados Unidos vivió una época en la cual el manejo de los capitales produjeron considerables incrementos en los principales rubros de la economía, a saber, producción, consumo y empleo.

Como consecuencia de ello se generó un exceso en el crédito que poseía este país y subsidiariamente se ocasionó un desequilibrio desde el punto de vista externo, que desembocó en la situación de desprotección del capital propio de la nación pues todas sus ganancias habían sido redirigidas al pago del endeudamiento.

Aunado a factores de tipo político, la crisis económica desatada en los Estados Unidos y la alta tasa de desempleo que está generó, se produjo un marcado desequilibrio tanto en el ámbito social como en el económico.

El imperio de Trump para dicha época, no escapó de los embates de la crisis y ante la negativa de los bancos de conceder créditos para el sector bienes raíces, fue materialmente imposible cumplir con el pago de las deudas que antes había asumido, por lo que tuvo a fuerza que tomar medidas que no fueron de su agrado, básicamente vender.

Trump Shuttle, la aerolínea que venía generando pérdidas, fue la primera de las empresas en ser vendida, en una táctica consistente en aprovechar la caída del mercado para proceder a invertir en gangas inmobiliarias, esto no fue suficiente.

Posteriormente cedió el 50% de sus acciones en el casino Taj Majal a sus acreedores con la finalidad de renegociar las condiciones de la deuda bajando las tasas de interés, a la vez que se aumentaban los plazos, para hacer viable el proyecto inmobiliario.

Luego negoció el 49% de las acciones del Hotel Plaza a los bancos a los cuales le adeudaba a cambio de créditos a su favor, esta propiedad realmente formaba parte de sus más preciados activos.

"Cuanto más duro peleó, más dinero ganó"

En una jugada maestra, sacrificó 3 casinos que poseía en Atlantic City al declararlos ante los tribunales en bancarrota, obteniendo protección frente a los acreedores y disminuyendo sustancialmente las deudas, para así poder inyectarle recursos a sus otros proyectos salvables, mientras negociaba la reestructuración de su deuda una y otra vez.

Tras tener que renunciar a muchos de los activos materiales que había logrado a lo largo de su carrera, logró conservar el ícono de su popularidad la Trump Towers o la joya de la corona como a él le gusta llamarla.

Finalmente Trump luego de experimentar el amargo sabor de la derrota, conoció el desprecio de muchos que se habían llamado "amigos" suyos y la terrible recesión del mercado inmobiliario, superó la debacle de la cual pocos apostaban su salida.

Con hábiles e ingeniosas jugadas consiguió sobrepasar el hasta ahora más grande reto que la vida le había impuesto, no sin antes reconocer en un acto de humildad, que a pesar de su victoria este ha sido el peor momento de su vida.

La historia de Trump es aleccionadora y nos deja mucho sobre lo cual reflexionar, sobre todo si en algún momento hemos pensado en "tirar la toalla".

Ante rendirse y luchar, Trump eligió la lucha y salió airoso, empoderado y engrandecido de la crisis. Con estrategia, planificación y acción reestructuró sus deudas, invirtió en nuevas posibilidades, captó nuevos inversores logrando que creyeran en él, justo en el momento en que todo estaba aparentemente perdido, saneó sus empresas y cual **ave fénix** resurgió de la muerte financiera como solo los grandes saben hacerlo.

Mucho se especula sobre la cantidad de bancarrotas por las cuales ha pasado Trump, el caso es que jamás se ha declarado públicamente en quiebra.

Hoy por hoy Donald Trump comenta en relación a estos importantes acontecimientos que él estila hacer todo "a lo grande", así como gana en cantidad, también ha perdido en grandes proporciones.

La Autocrítica

En profundo análisis retrospectivo, el hábil Trump ha concluido y así lo ha hecho público, que la causa de su debacle fue haber perdido la perspectiva y haberse dejado seducir por el halago que todos le hacían en cuanto a que él tenía "el toque de Midas".

Su sabiduría empresarial y su inigualable estilo fueron las claves para su recuperación. Paradójicamente, el dinero no salvó a **Donald Trump**, fue su astucia y su mentalidad.

Resiliencia

La capacidad que desarrolla una persona de recuperarse ante la adversidad, de salir airoso de ella y de proyectarse hacia el futuro fortalecida es lo que en psicología se denomina resiliencia y sin lugar a dudas nuestro protagonista tiene de esto en cantidad, no en vano es conocido como "el ave fénix de los negocios".

El aprendizaje y la lección a difundir

"El dinero no crece en los árboles, pero sí surge del talento, el trabajo duro y la inteligencia."

Donald Trump en los últimos tiempos ha dedicado buena parte de su vida a difundir su mensaje de esperanza, muy al estilo que le caracteriza, por cierto.

A lo largo de una nutrida e interesante bibliografía muestra al mundo entero la persona fuerte y valerosa en la que día a día se sigue convirtiendo.

Según Trump, hay que trabajar para que los negocios se mantengan activos y no pasivos, una interesante forma de interpretar la libertad financiera que los expertos en las finanzas defienden.

Así mismo, expresa que para ser buen inversionista hay que tener inteligencia financiera, esto es, trabajar arduamente, estudiar y prepararse e informarse sobre el mercado y el entorno, local, nacional e internacional.

Sin lugar a dudas Donald Trump es parte de ese 1% de la población que ostenta el 96% de la riqueza total y su fórmula sencillamente alude a no rendirse ante el fracaso, ni permitir que el temor, la duda o la desesperación se apoderen de sí, a sacar lo mejor de uno cuando las cosas no van bien y en caso de que una torre se desplome no caer en lamentaciones, nada más reflexionar, recoger las piezas y resurgir.

Hoy hace gala de sus habilidades y manifiesta particular orgullo al decir que su actitud anti derrota desconcertó a sus críticos, cosa que es muy cierta.

Ante nuestro ojos vemos a un ser que no solo ha confiado en sí mismo, sino que también ha tenido fe en los conocimientos que adquirió a lo largo de su vida, en su experiencia, Trump volvió y utilizando sus propias palabras, lo hizo "a lo grande".

Un ser humano como tú o como yo, que quizás ha sido un tanto más obstinado, pero que maravillosamente ante la presión financiera y un escenario poco prometedor vislumbró la oportunidad en el problema, se concentró más que en este, en sus soluciones y a toda costa evitó ser "enterrado vivo".

¿Será que en el fondo queremos imitarle?

Cuando observamos personas exitosas y más aún cuando nos acercamos y unimos a ellas, definitivamente aprendemos.

Todos, indefectiblemente de nuestras prioridades y jerarquía de valores anhelamos alcanzar el éxito financiero y para ello, nada mejor que buscar fuentes de inspiración y/o modelos a seguir, esto es, gente que se haya adelantado en el camino y cuyas experiencias (aciertos y fracasos) nos eduquen, nos ahorren tiempo y recursos.

El ser humano desde sus primeros momentos de vida aprende por fuerza de la imitación, así es como las cosas rutinarias de la vida, desde lo sencillo hasta nuestros más complejos pensamientos y modos de actuar se orientan en función de lo que hemos visto en nuestro entorno.

Entendiendo que siempre vamos a estar rodeados de personas y que cada una de ellas ejercerá una menor o mayor influencia en nuestra personalidad comprenderemos que tal influencia debe representar una oportunidad de aprendizaje.

Ocurre que la generalidad busca rodearse de seres iguales o de similares características, solo aquellos que deciden romper el molde para mirar más arriba y tomar los logros de quienes han conseguido más, logran fijarse tales triunfos ajenos como retos personales, desafíos en el sano sentido o como fuente de inspiración.

A los exitosos hay que analizarlos detenidamente, estudiarlos y conocerlos, solo así será posible descifrar la causa de su éxito y emplear ese conocimiento para el provecho propio.

Aclaremos esto, cuando nos encontramos frente a un objetivo siempre hay una doble óptica: plantearse que no es posible lograrlo o que sí es posible. En el último caso, es decir, cuando se cree que es posible, observar el panorama y percatarse de que otros lo han hecho ya es definitivamente el mayor y mejor impulso.

Los exitosos son diferentes

Las personas que han obtenido éxito y riqueza revisten características especiales que no las poseen aquellos que viven de fracaso en fracaso, su secreto, eso que los diferencia de los demás, reside en un lugar sagrado de su interior, en su mente.

En este momento es posible que pienses que es más fácil imitar un comportamiento antes que un pensamiento, cuando lo cierto del caso es que todos podemos aprender los patrones mentales de quienes han resultado victoriosos ante los desafíos de la vida.

Para ser un triunfador, hay que ver a otros triunfadores y tratar de tomar de ellos sus hábitos, actitudes, formas de pensar y de actuar.

¿Qué se puede aprender de Trump?

En el caso de Trump, hombre de éxito, su andar constituye una excelente referencia para aquellos que transitamos por la senda de la superación, la consagración de nuestros objetivos, los negocios exitosos y las productivas inversiones.

Su aporte principal a la sociedad y principal recomendación es la educación y la planificación financiera.

Donald Trump es un gran defensor de la educación y siente gran pasión al compartir sus conocimientos, así lo ha dejado ver en los muchos de los libros que ha escrito.

Aceptó el reality show "El Aprendiz" sólo porque tenía finalidad didáctica y educativa.

Este singular personaje ha dejado claro que el secreto de su éxito ha consistido en reducir el miedo e incrementar la valentía, además de ello señala que ha aprendido a fuerza de su experiencia una enseñanza importantísima a lo largo de su vida: *la persistencia como la orientación adecuada para quien quiere hallar el éxito.*

Para Trump, el discernimiento ayuda a predecir lo inevitable y esa cualidad sólo la otorgan la educación y obviamente la experiencia.

También es parte de su fórmula, **la actitud positiva** y la **autoconfianza** pues estas desplazan al miedo y energizan a la persona.

Denotando el campo coherente de su pensamiento, Trump nos dice que ni siquiera cuando vivió sus más difíciles momentos al ver cómo su imperio se derrumbaba, se dejó abatir por el pensamiento negativo, él dice, que nunca pensó en derrota sino que por el contrario su pensamiento, su mente y sus acciones siempre estuvieron enfocados en lo positivo y en idear la forma de salir airoso de su momento crítico.

Todo problema, indica, por complejo que parezca debe ser asumido como un desafío que nos da la oportunidad de llegar a donde queremos.

El mundo es de los que se atreven a aprender

La filosofía de Donald Trump, es simple:

Hay que saber antes de actuar, luego hay que atreverse a cambiar las reglas una vez se tenga el conocimiento sobre todo lo que incide en estas, no antes.

El mejor maestro es la experiencia, es cierto que la escuela abre puertas, pero así como el nadador aprende practicando, el hombre de negocios se forma en los negocios.

"El conocimiento es poder"

Liderazgo y capacidad para resolver problemas es el centro de su aporte en el sector educativo, nada más y nada menos los pilares de su éxito, de lo que a él le ha funcionado.

Trump ha señalado que no es un hombre barato, que nunca ha escatimado para él, sin embargo, arguye que **el dinero es para utilizarlo inteligentemente** y que eso implica valerse de una **red de buenos contactos** para lograr los mejores acuerdos.

"Si tu realidad empieza con tus sueños, tus sueños se convertirán en realidad"

Es mejor tener sueños descabellados a no tener aspiraciones en la vida

El hoy Presidente de los Estado Unidos asevera con toda propiedad que los ganadores se construyen:

- **Soñando y concentrando la atención en lo que se quiere**, ello es lo que permitirá el logro.
- **Persistiendo**, dando lugar a la obstinación y al carácter.
- **Asumiendo una Actitud ganadora**, aceptándose como un ser exitoso. El pensamiento positivo realmente tiene poder, a su vez el poder es la herramienta para afrontar las situaciones difíciles.
- **Dándole el justo valor a los principales recursos** en los que se debe invertir: tiempo y dinero.

Cada vez que Donald Trump ha tenido que afrontar dificultades se ha rehusado a asumir una actitud negativa, todo lo contrario, se ha concentrado en las soluciones y efectivamente ha salido airoso. Su educación financiera le ha otorgado la agudeza para diferenciar las situaciones ventajosas de las que no lo son, esto y el control como consigna es en síntesis parte de su fórmula de éxito.

¿Acaso hay alguien que se resista a imitar a un ganador?

Sigamos al líder

"Vamos a renovar el sueño estadounidense, he dedicado mi vida entera al mundo de los negocios. Cada estadounidense tendrá la oportunidad de hacer realidad su sueño".

¿Por qué tendríamos que seguir a Donald Trump?

Antes de proceder a responder esta interrogante, analicemos cómo fue que un magnate inmobiliario logró convertirse en el hombre más poderoso del mundo.

¿Por qué un hombre que lo tiene todo aspira a la presidencia de los Estados Unidos?

No le bastó con ser un reconocido personaje a nivel mundial, el magnate inmobiliario y estrella de televisión quiso más, y vaya que lo consiguió.

Las aspiraciones políticas de Donald Trump como ya hemos referido no son una novedad, a pesar de sus infructuosos intentos anteriores, conociendo al personaje, era sencillo prever que no se rendiría.

En 2015, su campaña inicia como una broma que se viralizó por las redes sociales. Así entonces, proyectando una imagen de líder carismático, populista, combativo y hasta inocente, logró finalmente calar como alternativa para aquellos ciudadanos que estaban cansados de la política de tipo partidista que manejaba Washington.

Según sus propias palabras, sus aspiraciones políticas surgen por la seria preocupación que le causaba el panorama económico que atravesaba su país. Trump aseguró que por su trayectoria como empresario exitoso, sería capaz de convertir a los Estados Unidos en una potencia tan rica como lo es el imperio que había levantado.

"Cuando México nos envía a su gente no nos está enviando a los mejores. Están enviando gente que tienen muchos problemas y los están trayendo con ellos. Traen drogas, crimen, son violadores".

Ni su agresivo discurso, ni las acusaciones por acoso sexual, xenofobia, por demagogia, por charlatán, ni sus polémicas propuestas de prohibir el ingreso de musulmanes a los Estado Unidos o de construir un muro que separara a los Estados Unidos de México, hicieron que su popularidad cayera, por el contrario, le hizo acreedor de muchos adeptos que congeniaban con las ideas que profesó durante su campaña.

Trump demostró la entereza, valentía y capacidad de decir "lo que todos piensan"

¿Trump es un líder?

No solo es un líder, sino que además fue educado para ello y buena parte de responsabilidad sobre esto la tiene su mentor, su padre.

Obviamente que debido a su explosiva personalidad y a su aparente incapacidad de controlar lo que dice, su condición de líder ha sido puesta en tela de juicio.

Son innumerables las opiniones de analistas, psicólogos y expertos que le han catalogado como un líder irresponsable, ofensivo, otros le atribuyen que carece de inteligencia emocional, sin embargo, casi nadie le desconoce su condición de líder.

Trump definitivamente tiene a muchos hablando de él, a pesar de ello, de los vaticinios no cumplidos, nada más y nada menos ganó la contienda electoral.

La campaña de Trump **vista desde el punto empresarial** representa una gran **lección de liderazgo, estrategia y astucia**.

De acuerdo a los analistas Trump jugó a hacer de la contienda una especie de comparación que le llevaría a terrenos de su absoluto dominio, esto es, viendo los procesos electorales como procesos empresariales, en los cuales vendía ideas para ganar votos y no productos para ganar dinero.

De acuerdo a esta óptica desarrolló una estrategia comercial-electoral sin igual, empleando tácticas comerciales, una sagaz idea digna de imitar:

- Teniendo en cuenta que la principal preocupación de los americanos era la economía, les ofreció soluciones al respecto aprovechando para atacar la ineficacia gubernamental en este sentido, segundo tema de preocupación para la población.
  Salud, educación, beneficios sociales, terrorismo, y otros temas preferidos de los políticos quedaron rezagados. Trump fue directo a la necesidad de los electores, así como el empresario va directo a la necesidad de sus clientes.
- **Se concentró en el producto que ofrecía**: es decir, en el tema económico y para su fortuna, su contrincante solo se dedicó a

contrariarlo mas no compitió en el fondo, no en la misma línea de necesidades de los votantes.

- **Se enfocó en la población en la cual sabía que iba a ganar:** todos sabemos que el sistema de elección en los Estados Unidos no es llevado a cabo por votación directa, sino que cada estado tiene un número de votos determinados. Sabiendo Trump que el Distrito de Columbia, California, y Nueva York eran estados en los cuales no ganaría, sabiamente se dedicó a centrar su campaña en otros estados en los cuales sí tenía probabilidades de vencer para de tal modo acumular más votos. Así como el empresario que va tras sus clientes potenciales y no pierde el tiempo en un público general que seguramente no le proporcionará los beneficios que busca.

- **Se mostró como alguien diferente**: al igual que el producto que ofrece el empresario debe marcar diferencia y ventaja respecto de sus competidores, así lo hizo Trump con su contrincante, se mostró como lo que es, un empresario con alta sensibilidad y preocupación por el destino de su nación y no como un político más del montón.

- **Su lenguaje:** preciso, agresivo, sin redundar en los cómo, claro y entendible dijo lo que muchos americanos querían escuchar. Paralelamente, Clinton se fue hacia lo técnico y ya sabemos el resultado.

¿Por qué gana las elecciones?

El éxito de Trump en el panorama político radica en **su autenticidad**. Se presentó ante millones de electores sin haber hecho carrera en la política con un planteamiento político distinto y logró penetrar las fibras y la sensibilidad de quienes le eligieron.

Partiendo de la base de que toda publicidad es buena, Trump es de los que prefieren que hablen de él, bien o mal, pero que hablen. Haberse proyectado como el candidato anti sistema es algo que definitivamente lo catapultó al poder.

Trump visualizó el universo de electores que le llevarían al poder y agudizó su campaña hacia ellos logrando sintonizar con la clase media industrial norteamericana, la población rural y las personas sin estudios universitarios de las pequeñas poblaciones, en las cuales predominaba el factor común del descontento y el sentimiento de frustración respecto de las políticas hasta ahora llevadas a cabo que según ellos les impedían progresar.

¿Gana Trump o las circunstancias le ayudaron?

El hecho de que Hillary haya perdido en la Florida (esto es que latinos no votaron por ella), que los afroamericanos no se interesaron por ejercer su derecho pues no vieron mejoría en sus condiciones con el primer presidente negro de la historia, o que los blancos pobres es decir, la clase media sintiera resentimiento hacia los inmigrantes, hacia la globalización y hacia el libre comercio, son circunstancias que rodearon la victoria de Trump.

Por otra parte, tuvo a su favor una gran proyección a nivel de medios, gracias a su recorrido en el mundo de los negocios, a su talento natural para las cámaras, a su personalidad magnética y por supuesto, consciente de ello, utilizó sus potencialidades para llegar a través de un mensaje populista y divisivo a tocar las fibras de sus compatriotas y a hipnotizar multitudes.

Muchos analistas se han dado a la tarea de estudiar qué hace que Donald Trump gane la Presidencia de los Estados Unidos, concluyendo en primer término que "El aprendiz" le abrió millones de puertas porque mostró al público su particular manera de conducirse en los negocios y en segundo término, es la forma como se condujo en sus momentos difíciles, logrando con ello que la población se sintiera identificada con un ideal de progreso y crecimiento.

Lo cierto del caso es que Donald Trump encarnó el malestar de muchos y les ofreció una opción, queda en lo adelante observar cómo este hombre de retos se conducirá en la tarea más difícil que se haya propuesto.

El imperio Trump seguirá en expansión

Aquellos que piensan que Donald Trump ha llegado a la cúspide de sus aspiraciones están equivocados, todo apunta a que este hombre quiere aún más.

"A mi parecer, llegar a la cima implica que es hora de iniciar, un nuevo proyecto. Todo éxito es el inicio del siguiente. Si estamos dispuestos a aprender, nos encontraremos que todo nuevo día nos ofrece algo diferente."

En opinión de muchos expertos el haber conseguido la presidencia de los Estados Unidos será la plataforma para expandir el imperio Trump.

El solo hecho de asociar su nombre a tan alto cargo ha incrementado el valor de su marca, ahora que dado que ejercerá tan alta investidura deberá separarse del mundo de los negocios, claro que antes de esto, se aseguró de dar continuidad a su imperio por intermedio de sus hijos.

En el panorama empresarial, se prevé que el imperio Trump llevará a cabo: el canal televisivo Trump TV, desarrollos inmobiliarios ya no bajo su nombre pero sí con su sello y la conquista de los millennials.

¿Por qué deberíamos seguir a Trump?

Es sencillo, ¿Seguirías a un fracasado? o seguirías al hombre que por su cerebro financiero es hoy... **"El señor Presidente"**...

Si este libro fue de tu agrado, recuerda que puedes dejar un comentario en Amazon.com

Presiona Aquí para dejar tu comentario de Dinero Nuevo Orden Económico Mundial

Disfruta más de Emir Samsores en Otros libros Increíbles

(La Base Del Éxito Económico

Presiona Aquí para Adquirir tu copia)

Presentación

La línea que separa a las personas exitosas de las que no lo son es muy delgada y encuentra su frontera divisoria muy lejos del entorno, en el interior del ser, exactamente en su red de pensamientos.

Tanto si pensamos que podemos, como si pensamos que no, en función de ello girará nuestro acontecer. Esto no es algo místico, es absolutamente científico y su explicación es muy lógica.

Analicemos el comportamiento de la mente humana ante una tentativa situación de fracaso en el plano económico:

(LA ATRACCIÓN DE LA RIQUEZA

¡OBTENLA YA! Presiona Aquí para Adquirir tu copia)

Presentación

En materia de atracción de la riqueza existen dos tipos de personas, los que creen y los que no creen, la gran diferencia entre ambos es que quienes no creen sostienen que la única forma de convertirse hacia la riqueza y la abundancia es a través del sacrificio y del trabajo duro, esto estimados lectores, NO es cierto.

Muchos autores se han dado a la tarea de crear obras relacionadas con la Ley de Atracción, pero solo este libro te brindará el enfoque preciso y exacto para activarla y ponerla en funcionamiento a fin de atraer la riqueza a tu vida, a partir de este preciso instante.

(EL SECRETO DE MIDAS

¡HAZLO TUYO! Presiona Aquí para Adquirir tu Copia Ahora)

Presentación

En materia de dinero mucho se ha dicho. Que el dinero es malo, que los ricos no van al cielo, que es pecado tener tanto dinero, que el dinero no compra la felicidad, que si tienes mucho dinero serás un esclavo, que los ricos no pueden disfrutar a su familia, que los ricos son avaros, déspotas e infelices y paremos de contar.

Estas aseveraciones tan arraigadas en la sociedad son además de falsas el mayor culto que se le ha rendido a la incapacidad, el conformismo, el fracaso y el miedo.

Todos los derechos reservados.
Queda rigurosamente prohibida, sin autorización escrita de los titulares del copyright, bajo las sanciones establecidas por las leyes, la reproducción total o parcial de esta obra por cualquier medio o procedimiento, comprendidos la reprografía, el tratamiento informático, así como la distribución de ejemplares de la misma mediante alquiler o préstamo públicos.